|지은이 린다 굿맨 Linda Goodⁿⁿⁿ

1925년 미국의 웨스트버지니아어ⁿ ⁿⁿⁿⁿⁿ ⁿⁿⁿ ⁿⁿⁿ
자 저널리스트였으며 시인이자 천문애ⁿⁿⁿ ⁿⁿⁿ ⁿⁿ ⁿⁿ ⁿⁿⁿⁿ ⁿ ⁿ ⁿⁿⁿ ⁿⁿⁿ ⁿⁿ
계대전 동안 〈린다의 러브레터Love Letters from Linda〉라는 유명한 라디오 프로
그램을 진행하면서 명성을 얻기 시작했습니다. 그 이후 미국의 동부와 남동
부 지역 신문에 기고를 하면서 본격적인 저술 활동을 시작하였고, 흑인 인권
운동가이자 미국도시연맹National Urban League의 회장이었던 휘트니 영Whitney
Young의 연설문을 작성하기도 했습니다. 린다 굿맨이 풍부한 임상 경험과 인간
에 대한 깊은 이해를 바탕으로 집필한『당신의 별자리』는 1968년 출간 이후 공
전의 히트를 기록하였습니다. 천문해석학 분야의 책으로는 처음으로『뉴욕 타
임스』베스트셀러 목록에 오르는 쾌거를 이루었고, 1978년 출간된『사랑의 별
자리Linda Goodman's Love Signs』또한『뉴욕 타임스』베스트셀러 목록에 올랐습니
다. 그녀의 책들은 40여 년이 지난 지금까지 전 세계 독자들의 사랑을 받고
있는 고전이며 베스트셀러입니다. 책 곳곳에는 네 명의 자녀를 둔 어머니로
서 자녀들에게 전해 주고 싶은 아름답고 따뜻한 경험과 지혜가 스며들어 있
습니다. 그녀는 콜로라도 주에 있는 크리플 크리크에서 말년을 보냈으며, 그
녀가 살던 집은 현재 여행자들을 위한 게스트하우스가 되었습니다. 1995년
향년 70세로 생을 마감했습니다.

|옮긴이 이순영

1970년 강릉에서 태어나고 자랐습니다. 한국외국어대학교 영어과를 졸업한 뒤
여러 기업체에서 해외 업무를 담당했습니다. 2009년 도서출판 북극곰을 설립
하여 환경과 영혼의 치유를 주제로 일련의 책들을 꾸준히 발간하고 있으며, 번
역가로도 왕성하게 활동하고 있습니다. 번역서로는 노베르트 로징의『북극곰』,
마르타 알테스의『안돼!』, 엠마누엘레 베르토시의『나비가 되고 싶어』가 있으
며, 린다 굿맨의『사랑의 별자리』도 곧 아름다운 우리말로 선보일 예정입니다.

당신의 별자리

처녀자리

당신의 별자리

처녀자리

2012년 12월 21일 초판 1쇄

지은이 린다 굿맨 ‖ **옮긴이** 이순영

펴낸이 이순영 ‖ **편집** 이루리 ‖ **디자인** 오빛나 ‖ **덕담** 최우근 ‖ **박은곳** 한영문화사

펴낸곳 북극곰 ‖ **주소** 서울시 은평구 진관동 은평뉴타운 우물골 239동 1001호

전화 02-359-5220 ‖ **팩스** 02-359-5221

이메일 bookgoodcome@gmail.com ‖ **홈페이지** www.bookgoodcome.com

블로그 http://blog.naver.com/codathepolar ‖ **페이스북** 도서출판 북극곰

ISBN 978-89-97728-24-4 03180   **값** 9,000원

Linda Goodman's Sun Signs

전 세계 1억 독자의 마음을 사로잡은 작가 린다 굿맨
열두 별자리 지구인에 대한 가장 따뜻한 심리학

당신의 별자리

처녀자리

8. 24 ~ 9. 23

린다 굿맨 지음 | 이순영 옮김

북카움

진정으로 지인들을 이해했던 쌍둥이자리 마이크 토드를 위하여

그리고 물고기자리 멜리사 앤과의 약속을 지키기 위해

이리하여 이상한 나라가 생겨났네.
이렇게 서서히 하나씩 하나씩
이상한 사건들이 일어나고
이제 하나의 이야기가 만들어졌네.

감사의 말

나의 벗이자 스승인 처녀자리 천문해석가 로이드 코프의 도움과 조언에 깊이 감사드립니다. 로이드의 격려와 신뢰가 없었다면 이 책은 그저 양자리의 여러 꿈 중 하나로만 남아 있었을 것입니다.

★ 열두 별자리 개요

별자리	상징	기간	지배행성	구성 원소	상태
양자리 *Aries*	♈	3.21 ~ 4.20	화성 *Mars*	불	활동
황소자리 *Taurus*	♉	4.21 ~ 5.21	금성 *Venus*	흙	유지
쌍둥이자리 *Gemini*	♊	5.22 ~ 6.21	수성 *Mercury*	공기	변화
게자리 *Cancer*	♋	6.22 ~ 7.23	달 *Moon*	물	활동
사자자리 *Leo*	♌	7.24 ~ 8.23	태양 *Sun*	불	유지
처녀자리 *Virgo*	♍	8.24 ~ 9.23	수성 *Mercury*	흙	변화
천칭자리 *Libra*	♎	9.24 ~ 10.23	금성 *Venus*	공기	활동
전갈자리 *Scorpio*	♏	10.24 ~ 11.22	명왕성 *Pluto*	물	유지
사수자리 *Sagittarius*	♐	11.23 ~ 12.21	목성 *Jupiter*	불	변화
염소자리 *Capricorn*	♑	12.22 ~ 1.20	토성 *Saturn*	흙	활동
물병자리 *Aquarius*	♒	1.21 ~ 2.19	천왕성 *Uranus*	공기	유지
물고기자리 *Pisces*	♓	2.20 ~ 3.20	해왕성 *Neptune*	물	변화

★ 용어 설명

- **천문해석학**astrology : 인간이 태양과 달을 포함한 행성들의 영향을 받는다는 전제 하에 태어나는 시간과 장소에 따른 행성들의 위치에 근거하여 사람의 성격과 삶에 대하여 풀이하는 학문으로, 일명 점성학이라고 알려져 있음.

- **출생차트**natal chart : 태어나는 시간과 장소에서 본 행성들의 위치.

- **충돌 각도**hard aspect : 출생차트의 행성들이 서로 90도나 180도를 이루고 있는 경우.

- **태양별자리**sun signs : 태어난 시간과 장소에서 볼 때 태양이 위치하고 있는 별자리.

- **달별자리**moon signs : 태어난 시간과 장소에서 볼 때 달이 위치하고 있는 별자리.

- **동쪽별자리**ascendant : 태어난 시간과 장소에서 볼 때 동쪽 지평선에 위치하고 있는 별자리.

- **영역**house : 태어난 시간에 태어난 위치에서 보이는 하늘을 12구역으로 나눈 것으로 인생의 다양한 경험 분야를 의미함.

- **경계선**cusps : 각 영역의 시작점.

★ 별자리(태양별자리)란?

'태양별자리'라는 말은 당신이 만약 쌍둥이자리라면 당신이 태어난 시간에 태양이 쌍둥이자리라 불리는 곳에 위치해 있었고, 그 시기는 대략 5월 22일에서 6월 21일 사이라는 것을 의미합니다. 그 기간은 천문해석학 책에 따라 약간씩 다를 수 있습니다. 실제로 태양별자리가 바뀌는 시점은 정해져 있지 않습니다. 자정에 바뀐다고 가정하면 매우 간단한 일이지만 실제로는 그 시간이 하루 중 언제가 될지 알수 없답니다. 예를 들어, 지난 몇십 년 동안은 양자리가 황소자리로 바뀌는 날은 4월 20일이었습니다. 그러니 4월 20일은 때에 따라 양자리가 될 수도 있고 황소자리가 될 수도 있는 것입니다. 출생차트를 뽑아 보지 않으면 사실은 양자리인 당신이 평생 황소자리라고 잘못 알고 살 수도 있는 것입니다. 어떤 별자리가 시작하는 날이나 끝나는 날에 태어난 사람이라면 정확한 출생 시간과 출생 장소(위도 및 경도)를 알고 있어야만 어떤 별자리인지 정확하게 알 수 있습니다.

※ 이 책에 인용된 시들은 모두 루이스 캐럴의 작품에서 빌어 왔음을 밝혀 둡니다.

한국어판에서는 비룡소에서 출판한 『이상한 나라의 앨리스』와 『거울나라의 앨리스』를 참조하였습니다.

※ 개인의 출생차트는 윈스타winstar 프로그램이나 http://www.astro.com 등을 이용하여 볼 수 있습니다.

※ 이 책의 각주는 모두 역자가 단 것입니다.

목차

태양별자리를 어떻게 이해할 것인가

오래 전 이야기가 시작되었으니
여름의 태양이 그 빛을 발하고 있을 때
우리가 노 젓는 박자에 맞추어
울려 퍼지던 단아한 종소리

언젠가 당신은 출생차트의 상세한 내용을 알고 싶어질
때가 올 겁니다. 하지만 출생차트를 이해하려면 우선 무
엇보다도 태양별자리를 이해해야 합니다. 우리는 잡지
나 신문에서 단순히 열두 가지로 분류된 별자리 운세를
흔히 볼 수 있습니다. 그런데 별자리 운세를 읽는 것과
개개인의 태양별자리를 이해하는 것을 혼동하지 않았으
면 합니다. 별자리 운세는 대체로 아주 그럴듯한 내용으

로 당신의 관심을 끌지는 몰라도 오류가 전혀 없다고 할 수는 없습니다. 당신의 성격과 에너지를 전문적이고도 정확하게 분석하려면 당신이 태어난 정확한 날짜와 시간에 근거한 출생차트가 필요합니다.

하지만 이런 별자리 운세를 '누구에게나 해당하는 뻔하고 일반적인 내용을 모아놓은 잡동사니'로 치부해 버리는 경향도 경계해야 합니다. 이 또한 사실이 아니니까요. 그러한 예언(암시라는 말이 더 적합하겠지만)은 황소자리나 물고기자리 또는 처녀자리에게 각각 적용되는 것이지 열두 별자리 모두에게 마구잡이식으로 적용되는 이야기는 아닙니다. 별자리 운세는 실력 있는 전문가들이 출생차트의 태양별자리를 비롯하여 그 시기에 하늘에서 움직이는 여러 행성들 사이의 각도를 수학적으로 계산하여 작성하므로 어느 정도까지는 예측이 가능합니다. 그러나 중요한 것은 그러한 예측들이 개개인의 출생차트에 있는 태양별자리와 여덟 개의 행성 및 달의 각도를 정확하게 반영하지 않기 때문에 개인별로 완벽하게 맞아떨어지지는 않는다는 것입니다. 이러한 결함을 감안하고 본다면 별자리 운세는 흥미롭고 도움이 될 만한 정보입니다.

　태양은 모든 별 중에서도 가장 강력한 별입니다. 태양은 인간의 성격에 지대한 영향력을 미치기 때문에 태양별자리에 대한 해석만으로도 그날 태어난 개인에 대해서 놀라울 정도로 정확하게 설명할 수 있습니다. 태양의 전자기 파장(현재의 연구조사 수준에서는 이렇게밖에 표현할 수 없습니다.)은 우리가 인생을 살아가면서 태양별자리의 기질을 지속적으로 발현해 나갈 수 있도록 해 줍니다. 태양별자리가 인간의 행동과 특징을 분석하는 데 사용하는 유일한 요소는 아니지만, 상당히 중요한 의미를 차지하고 있습니다.

　어떤 천문해석가는 태양별자리를 다루는 책들이 민족별·직업별 특징을 무시하고 인간의 특징을 일반화했다고 주장하기도 합니다. 그러한 생각에 대해 이해는 하지만 동의할 수는 없습니다. 물론 태양별자리를 잘못된 태도로 사용한다면 사람들을 호도하기 쉽다는 것은 사실입니다. 하지만 분명한 것은 출생차트 없이 태양별자리를 해석하는 것만으로 탁월하게 인간을 분석하고 본성을 이해할 수 있다는 사실입니다.

개인의 태양별자리는 대략 80퍼센트 정도 정확하며 가끔은 90퍼센트까지도 정확한 경우가 있습니다. 이정도라면 아무것도 모르는 것보다는 훨씬 낫지 않을까요? 물론 나머지 10~20퍼센트도 매우 중요하므로 무시할 수는 없습니다. 하지만 우리가 한 사람의 태양별자리를 안다면 이미 기본적인 정보들을 얻게 되는 것입니다. 태양별자리에 관한 지식을 신중하게 적용한다면 위험성은 전혀 없다고 할 수 있습니다. 우리가 나머지 10~20퍼센트로 인해 잘못된 정보를 얻을 수도 있다는 점을 유념한다면 자신 있게 태양별자리를 해석할 수 있습니다.

그렇다면 태양별자리란 무엇일까요? 태양별자리란 당신이 태어나서 첫 숨을 들이쉬던 그 순간 태양이 있던 특정한 위치, 즉 양자리·황소자리·쌍둥이자리 등을 말합니다. 이는 천문학자들이 계산해 놓은 천문력ephemeris에 따라 추출해 낸 정확한 위치를 의미합니다. 일러두기에서 밝힌 바와 같이 어떤 태양별자리가 시작하는 날이나 끝나는 날에 태어난 사람의 경우에는 정확한 출생 시간과 출생 장소의 위도 및 경도를 알아야만 어떤 태양별자리에 해당하는지 정확하게 알 수 있습니다. 다시 말해 이 책을 포함하여 모든 천문해석학 책에서 태양별자리가 시작하는 날과 끝나는 날은 대략적인 날짜라는 점을 반드시 기억해 주길 바랍니다. 이 시작하는 날과 끝나는 날을 경계선이라고 하는데, 이 경계선은 다소 혼란스러운 부분이 있습니다. 어떤 천문해석가는 이 기간을 조금 더 길게 보는 경우도 있지만, 어쨌거나 초보자는 헷갈릴 수밖에 없습니다. 그러나 당신이 태어난 날의 태양별자리가 쌍둥이자리라면 아무리 그 날짜가 경계선에 가깝다고 하더라도 쌍둥이자리라고 보아야 합니다. 쌍둥이자리 앞 별자리나 그 다음 별자리의 영향력을 무시할 수는 없지만, 그렇다고 해서 당신을 황소자리나 게자리로 바꿀 정도로 쌍둥이자리의 특성이 가려지지는 않습니다. 특정 별자리에 위치하고 있는 태양의 광채를 약화시킬 수 있는 것은 아무것도 없으며, 경계선상에 태어난 경우 생기는 약간의 변수조차도 태양별자리의 특성을 완전히 바꿀 만큼 강력하지는 않습니다. 당신이 태어난 시간이 경계선에 해당하는지 정확하게 확인하고, 그런 경우라면 약간은 참작하되 그 다음에는 그 사실을 잊어버려도 괜찮습니다.

출생차트란 무엇일까요? 출생차트란 당신이 태어나던 순간에 하늘에 있던 모든 행성들의 위치를 마치 사진을 찍듯이 정확한 수학 계산에 따라 재구성한 지도라고 이해하면 좋습니다. 발광체인 태양과 달을 비롯하여 여덟 개의 행성이 있으며, 당신이 태어나던 순간에 위치한 12개의 별자리와 10개의 별들이 서로 맺고 있는 각도 및 위치가 당신의 삶에 영향을 미치게 됩니다.

예를 들어 당신이 6월 9일에 태어났다면, 태양이 쌍둥이자리에 위치하므로 쌍둥이자리이며 쌍둥이자리 특성 열 가지 중 대략 여덟 가지를 띠게 될 것입니다. 하지만 감정을 주관하는 달이 양자리에 위치한다면 당신의 감정적인 태도는 양자리의 특성이 나타납니다. 지성을 주관하는 수성이 전갈자리에 있다면 당신의 지적 처리 과정은 종종 전갈자리 특성을 나타내며, 언행을 관장하는 화성이 황소자리에 있다면 당신은 황소자리처럼 느리게 말하는 경향이 있을 것입니다. 또한 금성이 염소자리에 있다면 사랑을 비롯한 예술적이고 창조적인 일에서 염소자리와 같은 태도를 보일 것입니다. 그러나 이런 모든 행성들의 위치로 인한 특성도 태양별자리인 쌍둥이자리의 기본적인 특성을 완전히 없앨 수는 없습니다. 다른 행성들의 위치는 당신이 지닌 복잡한 성격에서 나오는 다양한 모습을 다듬어 주는 역할을 할 뿐이랍니다.

당신을 완벽하게 이해하기 위해서는 다른 요소들도 고려해 보아야 합니다. 먼저 당신이 태어난 시간에 여덟 개의 행성과 두 개의 발광체인 태양과 달이 어떤 각도를 맺고 있는지 살펴보아야 합니다. 그 각도에 따라서 해당 별자리의 영향력이 결정됩니다. 하지만 가장 중요한 것은 당신의 동쪽별자리와 동쪽별자리가 태양과 달 그리고 다른 행성들과 맺고 있는 각도입니다. 동쪽별자리는 상승점ascendant 또는 일출점rising이라고도 하는데 당신이 태어난 순간 동쪽 지평선에 있던 별자리를 의미합니다. 동쪽별자리는 신체적인 겉모습에 상당한 영향을 미치고,(물론 태양별자리도 겉모습에 많은 영향을 줍니다.) 태양별자리가 표현하는 지향성의 토대가 되며 당신의 진정한 내면을 구성합니다. 예를 들어 쌍둥이자리인 당신의 동쪽별자리가 물병자리라면 당신은 상당 부분 물병자리 성향을 띠기 때문에, 쌍둥이자리 특성 중에서 당신에게 있을 법한 특이한 성격이나 은밀한 욕망이 잘 드러나지 않는 이유가 궁금해질 것입니다. 모든 출생차트에서 태양별자리 다음으로 중요한 두 가지 요소는 바로 동쪽별자리와 달별자리입니다.

동쪽별자리를 알고 나서 태양별자리와 함께 차트를 해석하면 매우 흥미로운 사실을 깨닫게 됩니다. 바로 자신의 전체적인 성격에 대해 놀라울 정도로 정확하게 설명할 수 있다는 사실입니다. 여기에 세 번째 요소인 달별자리까지 고려해서 해석하면 당신의 성격에 대해 훨씬 더 정교한 그림을 얻게 됩니다.

다음으로 각 영역의 별자리도 고려해야 합니다. 영역은 출생차트에서 수학적으로 계산된 위치로, 당신의 다양한 삶의 분야에 영향을 미칩니다. 모두 열두 개가 있으며 각 영역마다 하나의 별자리가 할당됩니다. 첫 번째 영역은 항상 동쪽별자리의 지배를 받고, 나머지 열한 개는 시계 반대 방향으로 순서대로 위치하면서 열두 별자리를 완성합니다. 천문해석가는 당신이 태어난 정확한 시간과 장소에 근거하여 출생차트를 뽑고, 열두 개 영역에 해당하는 각 별자리들의 의미를 해석하고, 또한 각 영역에 들어가 있는 행성들의 의미를 고려합니다. 앞서 설명한 모든 요소들을 섞어서 당신의 성격, 잠재력, 그리고 과거의 과오와 미래의 가능성을 분석하는 것이 바로 종합적인 천문해석 기술입니다. 이것이 바로 천문해석가들의 시간과 노력 그리고 지식이 필요한 부분입니다. 차트를 계산하는 것 자체는 특정 수학 공식만 적용하면 상대적으로 간단하게 끝나는 일입니다.(최근에는 태어난 날짜, 시간, 장소를 입력하면 간편하게 출생차트를 볼 수 있는 별자리 프로그램이 다양하게 개발되어 있습니다.-역자)

하지만 우리는 결국 이 책에서 주로 다루는 태양별자리 이야기로 돌아갈 수밖에 없습니다. 어떤 면에서는 당신이 쌍둥이자리라고 하는 것은 당신이 뉴욕 출신이라고 말하는 것과 같은 맥락이라고 할 수 있는데 이것이 지나친 일반화는 아니기 때문입니다. 당신의 별자리를 알아내는 일보다 뉴욕 어느 바에서 텍사스 출신을 찾거나 텍사스 어느 식당에서 뉴요커를 찾아내는 일이 더 쉽지 않을까요? 조지 왕조 시대*의 정치가와 시카고 산업

* 조지 왕조 시대(Georgian era, 1714~1830) : 조지1세~조지4세가 재위했던 영국의 중기와 후기 르네상스 시대.

시대의 사업가 사이에는 상당한 차이가 있지 않을까요? 당연히 매우 분명한 차이가 있습니다.

당신이 텍사스 출신이며 업무상 회의에 곧 참석할 어떤 사람에 대해 얘기하는 중이라고 가정해 봅시다. 누군가 "그 사람 뉴요커야."라고 말하면 즉각적으로 어떤 이미지가 떠오를 것입니다. 텍사스 사람보다는 말이 빠르고 짧을 것이며, 인간 관계에서도 텍사스 사람보다는 덜 따뜻할 것이고, 인사치레 없이 곧바로 사업 이야기로 들어갈 것입니다. 또한 서둘러 계약서에 서명하고 바로 동부로 날아가는 비행기에 몸을 실을지도 모릅니다. 섬세한 구석이 있을 것이고, 정치적인 면에서는 텍사스 사람보다 더 자유분방할 것입니다. 그렇다면 왜 이러한 순간적인 인상이 상당히 맞아떨어지는 것일까요? 왜냐하면 뉴욕 사람들은 빠르게 돌아가는 도시에 살고 있기 때문에 느리게 행동했다가는 지하철에서 자리도 못 잡고 비 오는 날 택시도 못 잡기 때문이지요. 어쩌면 계속해서 어깨나 팔꿈치를 문질러 대는 통에 품위 없어 보일 수도 있으며, 최신 연극도 보고 최고의 박물관에도 가 봤을 테니 당연히 취향이 세련될 것입니다. 높은 범죄율과 복잡한 도시 생활로 인해 텍사스 사람만큼 가까운 이웃들에게 따뜻한 관심을 가질 리가 없으니 그의 성격이 다소 냉랭할 거라고 추측할 수 있습니다.

물론 뉴요커 중에 느리게 말하는 황소자리도 있고 천천히 움직이는 염소자리도 있겠지만, 텍사스에 사는 황소자리나 염소자리처럼 느리지는 않을 것입니다. 그렇지 않을까요? 또는 아무리 빨리 말하고 행동하는 쌍둥이자리라 할지라도 텍사스에 사는 쌍둥이자리가 뉴욕에 사는 쌍둥이자리만큼 빠르지는 않을 것입니다. 모든 것이 상대적이랍니다.

자, 그럼 그 사람이 뉴욕에 산다고 칩시다. 그리고 이제 이탈리아 출신이라는 사실도 알아냈다고 가정해 봅시다. 다른 이미지가 그려집니다. 여기에 그가 텔레비전 방송작가라고 한다면 또다른 이미지가 떠오릅니다. 게다가 결혼했고 자녀가 여섯 명이라고 하면 이젠 완전히 새로운 그림이 나타납니다. 그러므로 (비록 이것이 유추이고 모든 유추가 불완전하기는 하지만) 그가 뉴요커라고 말하는 것은 그가 쌍둥이자리라고 말하는 것과 유사하고, 다른 정보들은 그의 달별자리가 처녀자리이고 동쪽

별자리가 전갈자리라는 것과 상응합니다. 하지만 추가 정보 없이 그가 뉴욕에 산다는 사실 하나만으로도, 그가 어느 도시 출신인지 모를 때보다는 훨씬 나은 상황에 있는 것이지요. 같은 방식으로 출생차트 없이 어떤 사람이 쌍둥이자리인지 사자자리인지 아는 것만으로도 불같은 성격의 사수자리를 대하고 있는지 현실적인 황소자리를 대하고 있는지 전혀 모를 때보다는 그 사람에 대해 많은 정보를 갖고 있는 셈입니다.

상세한 출생차트는 사람의 성격에 대해 보다 자세한 내용을 명확하게 드러내 줍니다. 출생차트를 보면 그의 삶 속에 녹아 있는 약물 중독, 자유분방한 성행위, 불감증, 동성애, 일부다처제, 정서장애, 가족으로부터의 소외, 또는 가족에 대한 집착, 숨겨진 재능, 경력 또는 부자가 될 수 있는 잠재성 등에 대해 두드러진 경향을 알 수 있습니다. 또한 정직과 부정직, 잔인함, 폭력, 두려움, 공포와 정신적 능력에 대한 경향도 분명하게 보여 줍니다. 이와 더불어 인생의 시기에 따라 일시적으로 두드러지는 성향도 잘 보여 줍니다. 뿐만 아니라 사고나 질병에 대한 민감함이나 면역력도 나타나고, 알코올, 섹스,

일, 종교, 자녀, 로맨스 등에 대한 숨겨진 태도 또한 드러나는 등 그 리스트는 무궁무진합니다. 정확하게 계산된 출생차트에 비밀이란 있을 수 없습니다. 개인의 자유의지가 경험하고자 하는 본인의 결정을 제외하고는 말이지요.

그러나 이렇게 완벽하게 분석하지 않더라도 누구나 태양별자리에 대한 이해만으로도 얻는 지식이 있으며, 태양별자리에 대한 지식은 우리가 서로에게 보다 더 관대할 수 있도록 해 줍니다. 상대방의 태도가 인간의 본성에 얼마나 깊이 뿌리 내리고 있는지 이해하고 나면, 당신은 그들의 행동에 대해 보다 더 동정심을 느끼게 됩니다. 태양별자리를 알고 나면, 냉정하고 균형 잡힌 전갈자리 부모가 보기에 불안하고 안절부절못하는 쌍둥이자리 아이가 실제로는 민첩하고 영리한 아이라는 사실을 깨닫고 인내심을 갖게 됩니다. 외향적인 학생은 내성적인 교사를 이해하게 되며 외향적인 교사는 내성적인 학생을 이해하게 됩니다. 처녀자리가 모든 머리카락을 한 올 한 올 가지런히 정리해야 하고 문제들을 철저히 조사하며 해결하기 위해 태어났다는 점을 이해하면 그들의 까다로움도 참을 수 있게 됩니다. 너무 바빠서 감사할 이유를 찾지 못하고 어디로 가고 있는지 알아채지 못하며 남의 발을 밟고 서 있어도 알아차리지 못하는 사수자리의 경솔함은 말할 것도 없습니다. 사수자리가 어떤 희생을 치르더라도 진실을 말할 수밖에 없는 사람이라는 사실을 알게 되면 그들의 솔직함에 상처를 덜 받게 됩니다.

염소자리 친구가 당신이 건넨 선물에 일언반구의 감탄사도 내뱉지 않아도 당신은 심하게 상처받지 않을 것입니다. 염소자리는 마음속으로 깊이 고마워해도 그 기쁨을 공개적으로 표현할 줄 모르는 사람들이라는 것을 알고 있으니까요. 염소자리가 타인에게뿐 아니라 스스로에게도 엄격한 원칙을 들이대는 사람들이라는 것을 알면, 의무를 강조하는 그들의 고집 때문에 덜 속상해하게 됩니다. 천칭자리의 끝없는 논쟁과 우유부단함도 단지 공정하고 공평한 결정을 내리기 위해 애쓰는 그들 태양별자리의 특징이라는 것을 알고 나면 보다 더 참을 만합니다. 물병자리가 당신의 사생활을 캐려고 할 때도 그들이 인간의 내적 동기를 조사해 보고 싶은 충동을 주체

할 수 없는 사람이라는 점을 떠올려 보면 그다지 무례하다는 생각은 들지 않을 것입니다.

아주 간혹, 태양별자리는 사자자리인데 행성 대여섯 개가 물고기자리인 사람도 있습니다. 물고기자리의 영향으로 인해 사자자리 특성이 매우 억제되므로 도무지 그의 태양별자리를 추측하기 어려울 수도 있습니다. 하지만 이런 경우는 아주 드물며, 당신이 열두 개 별자리 특성을 모두 잘 알고 있다면 그 사람은 자신의 진정한 본성을 영원히 감출 수 없을 것입니다. 물고기가 아무리 사자를 숨기려고 해도 사자자리 태양별자리는 절대로 완전하게 가려질 수 없으며, 당신은 그 사람이 부지불식간에 드러내는 사자자리 특성을 잡아 낼 수 있을 것입니다.

태양별자리를 파악하려고 할 때 표면만을 대충 보고 판단하는 실수를 절대로 범해서는 안 됩니다. 염소자리라고 해서 모두 온순한 것은 아니고, 사자자리라고 해서 모두 외견상으로 타인을 지배하려고 하지도 않을 뿐더러 처녀자리라고 해서 모두 처녀는 아닙니다. 가끔 예금 통장을 여러 개 가지고 있는 양자리도 있고, 조용한 쌍둥이자리도 있으며, 심지어 실용적인 물고기자리도 있습니다. 당신의 눈을 사로잡는 한두 가지 특징 그 이상을 보아야 합니다. 화려하게 치장한 염소자리가 사교계 명사들의 인명록을 힐끔거리는 순간을 포착해야 하고, 수줍은 사자자리가 자신의 허영심이 무시당했을 때 입을 삐죽거리는 모습도 볼 수 있어야 합니다. 드물게는 경박한 처녀자리가 단지 싸다는 이유만으로 살충제를 한 상자나 사는 장면도 목격하게 될 것입니다. 조용한 쌍둥이자리여서 말은 빠르지 않을 수 있지만 머리는 제트기 같은 속도로 회전하고 있을 수도 있고, 예외적으로 검소한 양자리라도 은행에 갈 때는 선홍색 코트를 입고 불친절한 은행원에게 말대꾸를 할 수도 있습니다. 그리고 아무리 실용적인 물고기자리라도 시를 쓰거나 추수감사절 때마다 여섯 명의 고아를 초대하기도 할 것입니다. 눈을 크게 뜨고 잘 보면 어떤 별자리도 자신을 온전히 감출 수 없습니다. 심지어 애완동물도 태양별자리의 특징을 여과 없이 보여 준답니다. 처녀자리 고양이의 밥그릇을 낯선 곳에 옮겨 놓거나 사자자리 강아지를 무시하는 일이 없기를 바랍니다.

유명 인사나 정치인, 문학 작품 속의 주인공들을 대

상으로 별자리를 맞혀 보는 것도 재미있습니다. 그들의 별자리가 무엇인지 추측해 보거나 그들이 어떤 별자리 특징을 대변하고 있는지 짐작해 보세요. 이런 작업을 통해 당신의 천문해석학적인 재치는 더욱 예리해질 것입니다. 만화책의 주인공들도 시도해 볼 만한 대상들입니다. 찰리 브라운은 분명히 천칭자리일 것이며, 루시의 경우에는 동쪽별자리는 양자리이고 달별자리는 처녀자리에 태양별자리가 사수자리일 확률이 높습니다. 스누피는 누가 봐도 물병자리 개입니다. 희한한 스카프를 두르는가 하면 제1차 세계대전 당시의 비행기 조종사 헬멧을 쓰고 개집 위에서 붉은 남작*에 대한 상상의 나래를 펼치고 있는 걸 보면 틀림없습니다.(또한 해왕성과 충돌 각도를 맺고 있을 것입니다.) 이런 식으로 직접 누군가의 별자리를 생각해 보면 그 재미가 제법 쏠쏠합니다. 하지만 이보다 더 중요한 것은 태양별자리 맞히기 게임을 할 때 매우 진지하고도 유용한 것을 배우게 된다는 점입니다. 사람

---

* 붉은 남작(Red Baron): 제1차 세계대전 당시 전투기 80여 대를 격추한 독일 공군의 에이스 리히트호펜(Richthofen, 1892~1918)의 닉네임이다.

들의 숨겨진 꿈과 비밀스러운 소망과 참된 성격을 어떻게 인식할 것이며, 그들을 좋아하는 법과 그들이 당신을 좋아하게 만드는 법 그리고 당신이 알고 있는 그들을 제대로 이해하는 법을 터득하게 될 것입니다. 당신이 그들 마음속에 숨어 있는 무지개를 찾아 나설 때, 세상이 더 행복해지고 사람들이 더 멋져 보이게 됩니다.

인생에서 가장 중요한 부분은 타인을 제대로 이해하는 것 아닐까요? 링컨 대통령이 이런 점에 대해 아주 간단하고 명백하게 말한 적이 있습니다.

"문명의 가장 중요한 기능은 서로 익숙하지 않은 사람들 사이에서 의도하지 않은 적대 관계로 인해 발생하는 크고 작은 인간의 사악함을, 국가적으로 또는 개인적으로 바로잡는 것이다."

지금 당장 태양별자리 공부를 시작하고 터득한 내용을 신중하게 적용해 보세요. 당신이 사람들 본연의 모습을 하나씩 벗겨 낼 때마다 사람들은 당신에게 어떻게 그런 새로운 통찰력이 생겼는지 궁금해할 것입니다. 실

제로 열두 개 태양별자리를 이해하는 것만으로도 당신
의 삶을 바꿀 수 있습니다. 당신은 지금 단 한 번도 마주
친 적이 없는 미지의 사람들을 이해하기 위한 여정을 시
작하려고 합니다. 하지만 머지않아 당신은 친구들은 물
론이고 낯선 이들도 더 가깝게 느끼게 될 것입니다. 정
말로 멋진 일 아닌가요?

당신을 알게 되어 행복합니다.

린다 굿맨

처녀자리

Virgo, the Virgin

8월 24일부터 9월 23일까지

지배행성 - 수성

"하녀 일곱 명이 빗자루 일곱 개로
반 년 동안 쓸어 내면
여기가 깨끗해질까?"
바다코끼리가 묻자
목수는 "글쎄, 잘 모르겠어." 하고는
쓰디쓴 눈물을 쏟아 냈지.

처녀자리를 알아보는 방법

♍

앨리스가 대꾸했다.
"하지만 겨자는 새가 아닌걸요."
"그래, 맞아. 넌 상황을 잘 파악하는구나!"
공작 부인이 말했다.

처녀자리가 처녀를 상징하는 별자리이기는 하지만 처녀라는 말을 곧이곧대로 받아들여서는 안 됩니다. 9월에 태어난 사람들이라고 해서 처녀 총각으로 살아야 한다는 법은 없으니까요. 많은 처녀자리들이 처녀 총각으로 남아 있기는 하지만 마침내 결혼을 통해 축복과 안정을 찾는 사람들도 많습니다. 결혼이라는 제도 자체가 처녀자리의 본성에 비추어 보면 자연스러운 상태는 아닙니다. 때문에 갑작스럽게 결혼을 선언하지는 않지만, 많은 처녀자리들은 놀라울 정도로 결혼이라는 협력 관계를 잘해 내며 언제나 가족에게 헌신적입니다.

결혼을 했든 안 했든, 많은 사람들 속에서 처녀자리를 찾아내는 일은 아주 간단합니다. 일단 그들은 시끄럽게 떠들지 않습니다. 말수가 적고 혼자 조용히 있는 사람이 처녀자리입니다. 한쪽 구석에서 사전을 들고 서 있는 점잖고 매력적인 남성이 있다면 그 남성은 처녀자리일 것입니다. 그는 시계처럼 정확한 머리로 시간을 엄수하고 세부 사항도 체계적으로 확인하는 사람입니다. 자세히 살펴보면 중요한 일에는 분 단위까지 체크하는 것을 볼 수 있습니다. 그런 사람이 바로 처녀자리입니다. 아름답고 부드러운 눈으로 버스를 기다리는 조용한 소녀를 발견한다면 그 소녀는 처녀자리일 것입니다. 소녀는 손에 정확한 버스 요금을 들고 있습니다. 버스 운전사에게 지폐를 내밀고 거스름돈을 달라고 하는 일은 꿈도 꾸지 않을 것입니다. 그녀가 바로 처녀자리입니다.

사교 모임 같은 곳에서는 이런 완벽주의자들을 만나기가 어렵습니다. 칵테일파티에 가서 사람들과 어울리는 처녀자리를 찾기보다는, 사무실에 가서 야근을 하는 처녀자리를 찾는 편이 훨씬 더 쉽습니다. 처녀자리에게는 긴장감을 벗어던지고 사교 모임에 가서 즐기는 일이 쉽지 않습니다. 많은 사람들 속에 섞여 있을 때 처녀자리는 그다지 편안하지 않기 때문입니다. 정말 괴로워하면서도 가끔은 파티를 쫓아다녀 보려고 하지만, 의무감이 강한 처녀자리로서는 쓸데없는 일에 시간만 낭비하는 것 같습니다. 가끔 처녀자리는 너무나 성실하게 일해서 부지런한 염소자리조차 태평스러운 사람으로 보이게 합니다. 그런데 실제로 처녀자리는 대단히 성실합니다. 처녀자리가 허공에 비눗방울을 날리거나 모래톱에서 모래성을 쌓고 있는 모습은 좀처럼 볼 수 없습니다. 처녀자리는 너무 바빠서 덧없는 꿈조차 꾸지 못하고, 너무나 피곤해서 밤하늘의 별을 쳐다보며 소원을 빌 수도 없는 사람입니다.

전형적인 처녀자리를 보면 제일 먼저 이런 느낌을 받습니다. 저 사람이 머릿속으로 뭔가 심각한 문제를 해결하려고 고군분투하고 있다거나 무언가 걱정을 하고 있다는 막연한 느낌입니다. 실제로 처녀자리는 걱정에 빠져 있을 것입니다. 그런데 처녀자리에게 걱정은 자연스러운 일입니다. 처녀자리가 걱정하는 습관 자체를 좋아한다고 말할 수도 있습니다. 눈에 보이지 않기에 딱히 뭐라고 규정할 수는 없지만, 처녀자리의 즐거운 미소는 언제나 무언가 심각한 문제를 숨기고 있는 것처럼 보입니다.

동쪽별자리나 다른 행성들의 위치에 따라서 차이는 있을 수 있습니다. 하지만 처녀자리는 주로 몸집이 다부지고 무척이나 사랑스럽고 조용한 눈을 가지고 있습니다. 처녀자리의 눈은 대개 매우 투명해서 마치 눈동자에 당신 모습이 비칠 것만 같습니다. 머리도 좋고 명확하게 사고하지요. 처녀자리는 순수하고 차분해 보이기 때문에 이들에게 숨은 걱정이 있다는 사실을 믿기 어렵습니다. 처녀자리는 대부분 아주 매력적이고, 눈·코·입의 윤곽이 매우 섬세합니다. 우아함과 매력에 있어서 부족함이란 없고, 가끔 엉뚱한 순간에 자만심을 약간 드러내기도 합니다. 처녀자리는 사진에 찍힌 자기 모습에 매우 비판적이고, 사진에서나 사람들 앞에서 어떻게 보이는지에 대해 유난히 신경을 많이 씁니다. 관찰력이 뛰어난 사람들이라면, 처녀자리들이 자기 주위에 아무도 없다고 생각할 때 거울 앞에서 옷매무새를 고치는 모습을 자주 포착할 수 있을 것입니다. 항상 말쑥하게 차려 입는 보수적인 처녀자리라면 매우 세심하게 복장을 갖춰 입을 것입니다. 처녀자리였던 모리스 슈발리에*는 노래 없이는 무대에 서도 양복에 꽂는 꽃과 넥타이핀이 없이는 무대에 서지 않았다고 합니다.

처녀자리는 대부분 체격이 아담해서 몸집이 큰 사람은 없지만, 남성의 경우라면 겉보기와는 달리 근육질이어서 힘이 무척 셀 것입니다. 이들은 오래 집중해야 하는 일에서는 다른 건장한 별자리보다도 더 잘 견딜 수 있습니다. 중간에 신경쇠약에 걸리지만 않는다면 말이지요. 비록 겉으로는 아주 능력 있고 태연해 보이지만, 내면의 불안이 이들을 갉아먹어서 소화기관에 문제가 생기거나 정서적 균형이 깨질 수도 있습니다. 처녀자리는 자기가 충분히 감당할 수 있는 수준보다 더 많은 일을 떠안고 그 의무를 다하려고 애를 쓰다가 지쳐서 결국

* 모리스 슈발리에(Maurice Chevalier, 1888~1972) : 프랑스의 배우 겸 가수.

신경이 쇠약해집니다. 그러나 복잡하고 섬세한 사고 체계가 지나친 피로로 인해 막히지 않고 원활하게 작동할 때에는 더없이 침착하고 남들을 진정시켜 주는 사람입니다.

처녀자리는 의심할 여지없이 신뢰할 만한 사람입니다. 하지만 가끔 내키지 않는 일이 있을 때에는 아픈 척하는 경향이 있습니다. 처녀자리의 잠재된 연기력이 드러나는 순간이지요. 가끔은 이런 상상 속의 질병을 실제로 믿기도 하지만, 수성이 지배하는 처녀자리의 냉정한 눈과 맑은 머리는 이러한 자기기만이 오래 가지 않을 것임을 알고 있습니다. 옷이나 음식, 일과 사랑에 있어서는 꼼꼼하고 치밀합니다. 막 샤워를 하고 나온 것처럼 말쑥해 보이는 당신의 처녀자리 친구는 실제로 막 샤워를 하고 나왔을 겁니다. 당신이 아는 사람들 네 명이 한 샤워 횟수를 합해도 처녀자리 한 사람이 한 샤워 횟수에는 못 미칠 겁니다. 그만큼 처녀자리는 샤워나 목욕을 자주 합니다. 또한 건강에 대해서 뚜렷한 주관을 갖고 있으며 게으른 사람에 대해서는 인내심이 없습니다. 처녀자리는 사랑에 빠졌을 때조차도 인생과 인간에 대한 환상이 거의 없습니다. 남자든 여자든 처녀자리는 아무리 사랑에 빠져도 상대방의 결함이나 단점을 못 볼 만큼 눈이 머는 경우는 없습니다. 속담을 인용하자면 처녀자리는 항상 '누울 자리를 보고 다리를 뻗는' 사람들이지만, 속된 표현을 싫어하는 처녀자리로서는 이 속담을 그다지 좋아하지는 않을 겁니다.

물론 8월 말에서 9월 사이에 태어났다고 해서 모두 까다롭고 얌전한 척하고 위선적인 사람이라고 생각해서는 안 됩니다. 밝고 똑똑한 수성의 지배를 받기에 많은 처녀자리들은 번득이는 재치로 (특히 대화중에 이들이 중간에 끼워 넣는 말을 잘 포착해 보세요.) 거부하기 어려운 매력을 발산합니다. 소피아 로렌이 처녀자리라는 점을 생각해 보면 이 부분이 쉽게 이해될 것입니다. 자기 마음속을 단정하고 질서정연하게 정돈하느라 옷이나 주변 환경에 대해서는 신경을 쓰지 못한 채 잠시 쉬고 있는 처녀자리를 만난다면, 당신은 그 사람이 처녀자리가 아니라고 생각할 수도 있습니다. 하지만 기다려 보세요. 곧 바닥에 떨어져 있는 핀들을 줍고 머리를 빗어 넘기고 어깨에 붙은 보푸라기를 떼어 내는 모습을 볼 수 있을 것입니다.

처녀자리는 불가능한 꿈을 꾸는 경우는 거의 없지만 사랑스러운 몽상가처럼 보이기도 하는, 일관성 없는 특징을 가지고 있는 경우가 많습니다. 이럴 때는 마치 무지갯빛 환상에 잠겨서 논리적인 생각은 믿지도 따르지도 않는 사람처럼 보입니다.

처녀자리는 저속함이나 어리석음 또는 부주의함 때문에 화가 나면, 갑자기 심기가 뒤틀리고 신경이 불안해져서 짜증을 내고 잔소리가 심해집니다. 하지만 이럴 때를 제외하고는 대개 부드러운 사람들이고 함께 있기에 즐거운 사람들입니다. 특히 병실 근처에 있으면 좋습니다. 훌륭한 간호사 중에 다수가 처녀자리이고, 그들은 효율적인 동정심과 똑 소리 나는 수완을 지닌 사람들입니다. 당신이 머리가 아플 때 약국에 달려가서 두통약을 사다 줄 사람은 바로 처녀자리 친구입니다. 당신이 만약 처녀자리 친구의 집에 있다면 약국까지 가지 않아도 됩니다. 집 안에 작은 약국을 두고 있거든요. 욕실 캐비닛 안에는 주로 위경련, 변비, 간장 질환, 또는 위산과다 등에 잘 듣는 약이 가득 있을 것입니다. 가끔 그 안을 들여

다보세요. 처녀자리는 약의 성분이나 작용 원리를 잘 알지 못한 채로는 절대로 먹지 않는 사람이기 때문에, 당신의 두통을 초래한 원인이 무엇인지에 따라 어떤 약을 먹어야 하는지 전문가처럼 알려 줄 것입니다. 처녀자리는 여행할 때 휴대용 약통을 챙겨 갑니다. 알약과 물약만을 담기 위한 별도의 여행 가방을 하나 더 가지고 갈지도 모릅니다. 특정 브랜드의 비누나 로션에 익숙해져 있으면 그것도 가지고 갑니다. 처녀자리는 자기가 즐겨 쓰는 제품을 팔지 않는 마을에 갇히는 것을 재앙처럼 생각한답니다. 자기가 쓰는 비누와 잡화 등의 물건은 낱개로 사지 않고 박스채로 싸게 사거나 최소한 열 개씩 삽니다. 당연히 여행 중에 원하지 않는 브랜드 제품을 사기 싫어하지요. 비웃지 마세요. 외국을 여행할 때 물을 잘못 마시면 위장에 어떤 문제가 생기는지 알고 있나요? 처녀자리는 잘 알고 있답니다. 이런 사람들은 일단 습관이 생기면 여행을 가거나 출장을 갈 때에도 그런 습관을 고수합니다. 집에서 양말을 왼쪽 서랍 가운데 칸에 넣어 두는 사람이라면, 호텔 방에서도 똑같은 위치에 양말을 넣어 둡니다. 만약에 서랍이 오른쪽 왼쪽 구분이 없다면 처녀자리는 한동안 심각하게 고민을 합니다. 그러다가 결국은 양말을 여행 가방에 그대로 넣어 두기로 결론을 내릴 수도 있지만, 그날 밤 제대로 잠을 잘 수는 없을 것입니다. 다음날 아침 호텔 식당에서 일하는 웨이트리스는 처녀자리가 계란을 3분 동안 익혀 달라는 것이 2분 45초를 의미하는 것이 아니라는 것을 금방 알게 될 것입니다. 또는 계란을 한쪽만 익혀 달라고 말하면 절대로 계란을 뒤집지 말아야 한다는 것도 알게 될 것입니다. 그리고 웨이트리스가 그런 세세한 요청에 얼마나 주의를 기울이냐에 따라서 팁의 액수가 달라집니다.

처녀자리는 당신이 무심코 던진 말을 진지하게 비난함으로써 당신을 당혹스럽게 만들기도 하지만, 당신이 곤란에 처해 있을 때는 온전히 돕고자 하는 마음으로 일을 해결해 주려고 나설 것입니다. 당신이 처리하려는 문제가 자질구레하고 복잡한 일들로 얽혀서 꼼짝 못하게 되었거나 마감 시간에 임박해서 자포자기하고 있으면 처녀자리는 팔을 걷어붙이고 나서서 기꺼이 도와줄 것입니다. 일이 잘 진행되고 있지 않을 때 처녀자리가 나서고 싶어 하는 것은 잘난 척하려는 것이 아닙니다. 질서정연한 수성의 정신으로는 일을 지연시키거나, 세부 사항을 무시하거나, 또는 그 요점을 흐리는 것을 참을 수가 없기 때문입니다. 심지어 누가 도움을 요청하지 않았는데도 스스로 나서서 일을 해결하려 들 때도 있는데, 이때에도 상대방을 무시하려는 의도는 전혀 없습니다. 혼란 속에서 질서를 만들어 내는 것이 처녀자리의 본성이기 때문입니다. 파티 후에도 기꺼이 집주인을 도와 설거지를 마무리해 줄 사람입니다. 하지만 동시에 당신이 지지 않는 얼룩을 가리려고 커피 탁자 위에 잡지를 놓아두었다는 사실과 담뱃불로 생긴 구멍을 가리려고 소파에 쿠션을 놓아두었다는 사실을 가장 빨리 알아차릴 손님이기도 합니다.

처녀자리는 천칭자리처럼 자기의 습관이나 특징을 재빨리 부인하기도 합니다. 처녀자리는 다른 모든 것은 아주 명확하게 보면서, 본인의 잘못과 약점에 대해서는 완전히 눈이 멀어 있는 듯이 보입니다. 하지만 사실은 자기의 약점을 너무 자세하게 잘 보기 때문에 남들이 그것을 일반화하여 언급하는 것을 참지 못할 뿐입니다. 전형적인 처녀자리에게 그 사람이 비평을 잘하고 걱정을 잘하고 까다롭고 깔끔하고 식이요법이나 건강에 대해 관심이 많다고 얘기해 주면 본인은 아주 단호하게 부인할 것입니다. 처녀자리 자신은 전혀 그렇지 않다고 생각합니다. 저는 어떤 처녀자리 가정주부가 보내 온 열 장짜리 편지를 아직 가지고 있는데, 그 편지에는 아주 깨알 같고 또렷한 글씨체로 처녀자리에 대한 설명이 왜 자기와 맞지 않는지에 대한 모든 이유가 아주 조심스럽게 적혀 있었습니다. 아주 세세하게 항의하는 그 형식과 편지 분량이 자신의 정체를 드러내고 있다는 점은 깨닫지 못하고 있더군요.

"저는 전혀 깔끔하지 않아요. 우리 집은 정말 지저분하답니다."라고 하고는 그 다음에 이렇게 계속 써 내려갔습니다. "사실은 어린아이 두 명이 있는데 집 안을 계속 난장판으로 만들어서 제가 거의 미칠 지경이에요. 아이들 뒤를 졸졸 쫓아다니면서 하루 종일 정리를 해야 할 정도입니다."(그 다음에 그녀는 끝없는 집안일에 대해 하나하나 아주 신중하게 열거하기 시작했습니다.) "저는 물건들을 특정 장소에 보관하려고 하고, 이웃들처럼 책을 보거나 텔레비전을 보면서 시간을 낭비하지는 않습니다. 하지만 남편이 퇴근해서 돌아올 때면 여전히 집 안은 정리가 안 되어 있어요. 하지만 남편도 불평할 자격은 없어요. 왜냐면 저는 남편이 잠을 자는 동안에도 집안일을 하거든요. 남편이 일어났을 때 집 안이 말끔하게 정리되어 있도록 말이에요. 지저분한 주방에서 밥을 먹을 수는 없지요. 쓰레기를 방치하면 병균이 생기고, 질병은 가족에게 빨리 번지는 법이니까요. 하지만 남편이 출근하기도 전에 집 안은 다시 엉망진창이 되고 맙니다. 그러니 처녀자리가 깔끔하다는 말은 저를 정말 화나게 합니다. 저는 전혀 그렇지 않거든요. 그리고 저는 걱정을 사서 하는 사람도 아니고 병에 대한 걱정을 달고 살지도 않습니다. 남편이 수표장을 적을 때 실수를 해도 절대로 비난하지 않아요. 적어도 그렇게 자주 비난하지는 않지요. 어쨌든 주부가 관여할 일은 아니니까요……. 저는 정말 깔끔하게 살고 싶은데 아이들을 키우다 보면 쉽지가 않아요. 정말 당신이 저희 아이들이 어떻게 사는지 보시면……." 기타 등등입니다.(당연히 그녀는 제가 답장을 보낼 수 있도록 자기 주소가 적힌 봉투에 우표까지 붙여서 동봉했습니다.) 편지 마지막에 그녀는 이렇게 물었습니다. "왜 저

의 별자리에 대한 설명이 저랑 전혀 맞지 않는지 설명을
좀 해 주시겠어요?" 언젠가 저는 그 편지를 액자에 넣어
서 '처녀자리의 상징'이라는 이름으로 벽에 걸어 둘 예정
입니다.

사람들로 가득 찬 공간에서 처녀자리를 구별해 내
는 일은 아주 쉽습니다. 오랫동안 가만히 앉아 있지 못
하는 사람이 그 사람입니다. 조금 있다가 그는 눈에 띄
게 안절부절못하고 왔다갔다하거나 자리를 바꾸고, 마
치 다른 곳에 약속이 있는데 늦은 것처럼 막연한 불안감
을 풍깁니다. 동시에 얼굴 표정은 마치 가면처럼 침착함
그 자체입니다. 처녀자리가 극심한 신경과민 때문에 일
으키는 악영향은 겉으로는 좀처럼 나타나지 않지만 소
화기관 등에 분명히 문제를 일으킵니다. 이런 이유로 처
녀자리들이 항상 소화제를 가지고 다니는 것입니다.

여기서 아직 발견되지 않은 행성이자 처녀자리의
진정한 지배행성인 벌컨*에 대한 중요한 내용을 언급해
야겠네요. 벌컨을 발견할 날이 임박했기 때문입니다. 한

---

* 벌컨(Vulcan): 수성보다 안쪽에 있을 것이라고 추정되는 가상 행성.

별자리의 진정한 지배행성이 발견되면 그 별자리에서 태어난 사람들의 특징도 바뀝니다. 예를 하나 들자면 물병자리와 염소자리의 지배행성이 모두 토성이라고 믿었던 시기에는 에이브러햄 링컨처럼 2월에 태어난 사람들은 토성의 우울한 특징을 분명히 보여 주었습니다. 하지만 우주의 계획에 따라 천왕성이 발견되자 물병자리들은 고유의 성격들, 끊임없이 무언가를 발견하고 보다 열광적이고 예측 불가능하고 혁신적인 성격을 나타내기 시작했습니다. 예를 들어, 천왕성이 지배하는 물병자리였던 프랭클린 루스벨트가 대표적인 인물입니다. 많은 천문해석가들은 수년 안에 망원경으로 천둥의 행성인 벌컨을 볼 수 있을 것으로 생각하고 있습니다. 벌컨이 지구에서 보일 정도로 충분히 가까워지는 시점이 되면, 처녀자리들이 불안과 긴장감을 초래하는 수성의 압박을 많이 덜어 낼 것입니다. 수성은 흙의 별자리인 처녀자리보다는 공기의 별자리인 쌍둥이자리와 더 잘 맞습니다. 천둥 같은 벌컨 행성은 처녀자리들에게 용기와 자신감이라는 천문학적인 유산을 줄 것이고, 전형적인 처녀자리의 습성을 많이 해소할 것입니다. 벌컨이 발견된 다음 마지막으로 발견될 행성은 아폴로Apollo로서, 고대 예언에 따르면 황소자리의 진정한 지배행성이라고 믿어지는 별입니다. 그러고 나면 열두 개의 별자리는 각각 열두 개 지배행성의 진동에 부응하게 될 것입니다. 그리스 신화에서 벌컨이 뛰어난 지성을 지닌 불완전한 신으로 나온다는 사실은 매우 흥미롭습니다. 많은 처녀자리들이 약간 절뚝거리며 걷거나 걸음걸이와 자세가 특이합니다.

처녀자리는 애정이나 돈을 낭비하는 경우가 없습니다. 일반적으로 애정과 돈에 있어서는 신중한 편이어서, 조용하고 꾸준히 사랑을 주고 돈도 그만큼 보수적으로 다룹니다. 이상한 점은 남들에게는 효율적인 서비스를 제공해 주고 싶어 하면서도 남의 도움을 받는 것은 과민할 정도로 싫어합니다. 어떤 이유로든 남에게 신세를 지고 싶어 하지 않습니다. 또한 자기 자신 이외에는 어느 누구에게도 의지하지 않으려고 합니다. 노년에 누군가에게 의지하게 될까 봐 두려워하는 마음 때문에 남들이 인색하다고 부를 정도로 절약하면서 사는 것입니다. 하지만 인색하다는 표현은 좀 심합니다. 충분한 여유가 있어서 미래에 대한 걱정을 할 필요가 없을 때는 보다 자유롭게 돈을 씁니다. 물론 그만큼의 가치가 없으면 환불을 요구하겠죠.

처녀자리는 비록 구걸하는 사람이나 게으른 부랑아들에 대한 동정심은 전혀 없지만, 친구가 어려움에 처하면 아낌없이 베푸는 사람입니다. 개인적인 필요와 결부될 때에는 인색해지는 처녀자리도 그만한 가치가 있거나 아주 좋아하는 사람들에게는 경제적 지원을 아끼지 않습니다. 하지만 경솔하게 돈을 내다 버리는 처녀자리는 볼 수 없을 것입니다. 낭비를 정말 싫어하는 사람들이거든요. 열심히 일해서 돈을 버는 사람들이므로 사치를 부리는 일은 있을 수 없지요. 또한 낭비벽이 있거나 너무 게으른 사람들에게는 날카롭게 비판하는 경우가 많습니다.

하지만 당신이 처녀자리의 비판에 상처를 좀 덜 받아도 되는 이유는, 바로 당신에게만 그러는 것이 아니라 사실 속으로는 스스로에게도 비판적이라는 것입니다. 꽃병에 아주 작은 금이 간 것도 알아볼 수 있는 능력을 타고난 처녀자리는 흠을 잘 발견하는 성향을 스스로도 어쩔 수가 없습니다. 낭비만큼이나 지각하는 것도 싫어합니다. 늦는 것도 일종의 시간 낭비이고, 처녀자리에게 시간이란 삶을 구성하는 재료이기 때문입니다. 그러니 처녀자리에게 반감을 사지 않으려면 시간을 엄수하세요. 프랭크 시나트라의 친구는 이 처녀자리 가수가 "저녁은 8시에."라고 했을 때, 그것은 8시 정각을 의미하는 말이지 8시 15분이나 8시 반을 의미하는 말이 아님을 깨달았다고 합니다. 시나트라가 태양별자리 상으로는 따뜻한 불의 별자리인 사수자리이기는 하지만, 동쪽별자리가 처녀자리였다는 점이, 리허설에 그렇게 공을 들이고 음악 반주의 세부 사항까지 속속들이 챙겼던 그의 행동을 설명해 줍니다. 노래를 녹음할 때에는 모든 음과 느낌이 정확하게 맞지 않으면 만족스러울 때까지 그 세션을 계속 반복해야 했습니다. 사수자리의 따뜻한 불 기운에 꼼꼼하고 흠잡을 데 없는 성격이 더해졌기 때문에 유명한 가수가 될 수 있었죠.

개인적인 야망을 추구하기보다는 타인을 위해 좋은 일을 할 때 더 만족감을 얻는 처녀자리들에게 왜 사람들이 가끔 이기적이라고 하는지 참으로 이해하기 어렵습니다. 이기적이라는 낙인은 아마도 그들이 "아니오."라고 말할 줄 알고, 그 말이 실제로 거절을 의미하기 때문에 생겼는지도 모릅니다. 처녀자리는 타인을 위해 자기의 시간과 에너지를 마음껏 베풀지만 합리적인 기준을 넘지는 않습니다. 상대방의 요구가 지나칠 때에는 즉시 멈추고 거부 의사를 명백하게, 아주 명백하게 표시합니다. 처녀자리는 타인의 결점을 지적하는 일은 무척 좋아하면서도 자신의 실수에 대해 사람들이 공개적으로 비난하면 몹시 화를 내기도 합니다. 처녀자리가 실수를 했을 때, 물론 그런 경우는 매우 드물지만, 우정을 지키고 싶다면 요령 있게 지적하는 것이 좋습니다.

처녀자리는 여행할 때 비록 미니 약국을 들고 다니기는 하지만, 과도한 일이나 정신적인 긴장 또는 비관주의 등으로 속을 태워서 병이 나지 않는 한, 평소에는 놀라울 정도로 건강한 편입니다. 처녀자리는 자기 몸을 잘 돌보고 먹는 것에도 까다롭습니다. 하지만 위장병이나 소화불량이나 장기 쪽의 만성 통증, 두통, 그리고 발 부분의 문제들 같은 사소한 질병을 호소하는 경우가 있습니다. 출생차트 상에 서로 충돌하는 행성들이 있다면 폐와 관련된 질병에 걸릴 확률이 높기 때문에 기침 감기에 걸렸을 때는 몸 관리를 잘해야 합니다. 엉덩이나 팔, 어깨 쪽의 통풍, 관절염, 류머티즘 등의 문제로 고통을 호소할 수도 있으며 가끔은 간이 좋지 않거나 등에 통증이 생길 수도 있습니다. 하지만 처녀자리들은 자신의 건강에 관심이 많기 때문에 대부분의 심각한 질병은 예방할 수 있습니다. 처녀자리 중에는 채식주의자가 많고, 채식주의자가 아니더라도 무엇을 어떻게 요리해서 먹어야 하는지는 반드시 알고 있을 것입니다. 가끔은 세균에 대한 걱정이 많아서 고기 덩어리를 만질 때에도 고무장갑을 끼거나 매일 밤 칫솔을 살균하는 처녀자리도 있지만, 이것은 조금 극단적인 경우입니다. 하지만 일반적인 처녀자리조차도 식사를 하기 전에는 손을 열심히 씻는답니다.

처녀자리는 고양이나 새, 그리고 보살핌을 필요로 하는 작은 생물을 좋아합니다. 또한 진실, 정확함, 경제, 사리분별, 신중한 선택을 좋아합니다. 감상의 지나친 분출, 먼지, 상스러움, 엉성함과 게으름은 싫어합니다. 처녀자리는 싫고 좋음이 분명한 실용적인 영혼의 소유자이고 진정한 개인주의자여서, 예리한 통찰력을 지니고 자신의 욕구가 혼탁해지거나 탐욕스러워지지 않도록 지켜 나갑니다. 처녀자리의 꿈속에는 상쾌한 바람이 불고 있어서 터무니없고 불분명한 공상을 날려 보냅니다. 처녀자리는 인생의 여러 가지 복잡한 요소들이 자신을 지배하게 두기보다는 그것들을 통제하는 방법을 터득하고 나면 어떤 별자리보다도 확신을 가지고 자신의 운명을 만들어 갈 수 있습니다.

멋진 비취옥과 백금은 처녀자리를 보완해 주고 행운을 가져다줍니다. 하지만 처녀자리의 행운에는 언제나 다섯 종류의 외로움이 따라다니고, 처녀자리의 부드러운 마음속에서는 의무감이 가벼워질 날이 없습니다. 수줍음 많고 꿈꾸는 듯한 처녀자리의 미소 뒤에는 한두 가지 비밀이 숨겨져 있음을 잊지 마세요. 처녀자리의 고요한 혈관에는 수성의 변덕스러움과 벌컨의 장대한 천둥이 함께 따라 흐르고 있으니까요. 회색, 베이지, 감청색, 그리고 모든 녹색 계열과 순백색 계열의 옷을 즐겨 입고, 진지해 보이는 태도 이면에는 히아신스가 상징하는 '순수한 생각과 목적'을 지닌 처녀가 매혹적인 기운을 풍기며 숨어 있을 것입니다. 이 부활절 꽃의 향기를 맡아 본 사람은 그 매력에서 절대로 벗어날 수 없답니다. 그 향기는 봄마다 돌아와 기억을 되살립니다. 처녀자리는 사람들의 가슴에 흔적을 남기는 자기만의 비밀스러운 방법을 가지고 있습니다.

처녀자리로 알려진 유명인

그레타 가르보Greta Garbo

요한 괴테Johann Goethe

헨리 포드 2세Henry Ford II

*리처드 기어Richard Gere

*소피아 로렌Sophia Loren

*카를 라거펠트Karl Lagerfeld

*김연아

*배용준

*심은하

디 에이치 로렌스D. H. Lawrence

레너드 번스타인Leonard Bernstein

잉그리드 버그먼Ingrid Bergman

*마이클 잭슨Michael Jackson

*애거사 크리스티Agatha Christie

*프레디 머큐리Freddie Mercury

*김혜수

*봉준호

*황정민

처녀자리 남성

♍

"당연하지. 만약 어떤 물고기가 나한테 와서
여행을 떠날 거라고 하면
난 '목정'이 뭐냐고 물을 테니까."
"'목적'이라고 해야 하지 않나요?"
가짜 거북이 기분 상한 목소리로 대답했다.
"나도 알아."

먼저 솔직하게 말씀드리는 것이 좋겠습니다. 당신이 낭만적인 꿈과 동화 속 왕자님에 대한 갈증이 있다면 처녀자리 남성에게는 기대하지 마세요. 그 갈증은 해결되지 않을 테니까요. 처녀자리 남성과 연애를 하는 따뜻한 감상주의자는 차가운 바닥에 쿵 하고 떨어지는 기분을 느낄 것입니다. 제법 아프겠지요.

처녀자리 남성은 온전히 실용적이고 물질적인 차원

에서 살아가는 사람이라서 동화 속 사랑 이야기에서는 거의 쓸모가 없습니다. 물론 이런 논의 자체가 탁상공론에 불과합니다. 애초에 처녀자리 남성을 남녀관계의 출발선 근처까지라도 오게 만드는 노력 자체가 헛수고이기 때문입니다. 그는 당신의 방 창문 아래에서 세레나데를 불러 줄 사람이 아닙니다. 처녀자리 남성이 당신의 창문 외벽을 타고 기어 올라오게 하기까지는 달빛 비치는 발코니에서 긴긴 밤을 외롭게 기다려야 할 것입니다.

사실 처녀자리 남성은 아주 어릴 적부터 사랑과 관련이 많지만, 로미오와 줄리엣 스타일의 사랑은 아닙니다. 그가 사랑을 표현하는 방법은 주로 가족, 친구, 그리고 약자나 자기보다 체계적이지 못한 사람들에 대한 이타적 헌신입니다. 그는 일, 의무, 규율에 대한 본능적인 사랑과 무력한 사람들에 대한 헌신을 타고 났습니다. 이런 수준까지 도달하지 못한 처녀자리라고 할지라도, 자기가 어떤 식으로든 이타적 이상에 따라 살고 있지 않는 것에 대해 약간의 죄책감을 느낍니다.

극적인 감정이나 감상적인 약속, 눈물 젖은 고백, 지나친 감정 표현 등을 보여 주는 사랑은 처녀자리 남성을 냉담하게 만들 뿐만 아니라 얼른 버스나 기차를 타고 도망가고 싶어질 정도로 그를 놀라게 할 수 있습니다. (정말로 절박한 상태가 아니라면 비행기는 그에게 너무 빠르고 너무 비쌉니다.) 하지만 강철과 얼음으로 만들어진 것 같은 처녀자리 남성도 온도만 적당하다면 녹을 수 있습니다. 처녀자리 남성의 마음에 이르는 길은 분명히 있습니다. 비밀의 길이지요. 공격적으로 쫓아다니면 절대로 안 됩니다. 교태를 부리거나 선정적으로 유혹해도 통하지 않습니다.

처녀자리 남성은 사랑에 있어서 양보다는 질을 추구합니다. 삶의 모든 면에서 높은 품질을 요구하기 때문에 진정한 사랑을 경험하는 경우가 몇 번 없을 테고, 그조차도 어떤 면에서는 운이 나쁘거나 슬픈 사랑이 될 수밖에 없는 경우가 많을 것입니다. 처녀자리 남성은 이런 경우에 되도록 사회로부터 떨어져 지내며 가장 힘든 일을 찾아서 몰두하고, 다음 기회가 올 때에는 이전보다 훨씬 더 조심스럽게 행동합니다. 당신에게는 상당한 전략과 인내심이 필요하다고 할 수 있습니다. 처녀자리의 기본적인 본능은 순결이고, 그 순결을 깨기 위해서는 정말로 그럴듯한 이유나 아주 훌륭한 여성이 있어야 합니다. 많은 처녀자리 남성들은, 비록 모두가 인정하지는 않지만, 다른 별자리보다 훨씬 쉽게 독신으로 살아갈 수 있습니다. 자신이 이해하지 못하는 규율을 참아 내는 것과 같은 맥락인데, 운명에 저항하지 않고 따르는 것이 이들에게는 매우 자연스럽기 때문입니다. 만약 운명이 독신으로 살 것을 명했다면 처녀자리는 미련이나 감정적인 충격 없이 받아들일 만한 사람이라서, 우리 주위에 처녀자리 싱글 남성들이 많이 있는 것입니다. 하지만 여전히 처녀자리 남성은 그들만의 조용한 방식으로, 비록 상처받기 쉽더라도 아주 낭만적인 사랑을 할 가능성이 있습니다.

처녀자리 남성은 노골적이지는 않지만 섬세한 유혹의 대가이기도 합니다. 수줍고 부드러운 미소로 많은 여성들의 마음을 흔들었던 어느 프랑스 남성을 생각해 보면 처녀자리의 그 섬세한 유혹을 잘 이해할 수 있을 것입니다. 모리스 슈발리에가 전설적 인물이 된 이유는 알다시피 카루소*처럼 아름답게 노래하는 목소리 때문이

---

* 엔리코 카루소(Enrico Caruso, 1873~1921): 이탈리아의 테너 가수.

아니었습니다. 옛날 가수지만 모리스 슈발리에를 보거나 그의 목소리를 들으면 저도 역시 마음 한구석이 떨린답니다.

처녀자리 남성은 날카로운 지성과 단단한 흙을 섞어 놓은 존재입니다. 특유의 무심함으로 수많은 여인들의 가슴을 아프게 할 때도 있지만, 비판적이고 분석적인 감각과 섬세한 분별력 때문에 정신적인 사랑에서 좀처럼 벗어나지 않습니다. 처녀자리 남성에게 진정한 열정을 불어넣기 위해서는 백열로 태워야만 합니다. 단정하고 분별력 있는 성격 때문에 문란한 연애를 하는 것은 불가능합니다. 물론 가끔은 난잡한 육체적 경험을 할 수도 있지만 이런 무분별한 행동은 일반적이지 않습니다. 일반적인 원칙은 무관심이지요. 제가 아는 처녀자리 남성이 선정적인 성인영화에 출연한 적이 있습니다. 은행잔고가 완전히 바닥난 상태여서 오로지 돈 때문에 그 영화에 출연한 것이지요. 하지만 그는 지금도 누군가가 그 영화에 대해 언급하면 얼굴을 붉힌답니다. 모든 처녀자리 남성이 숫총각이라고 할 수는 없지만 겉모습은 항상 순수해 보입니다. 처녀자리의 사랑에는 깨끗하고 순결한 느낌이 있어서, 불행한 사건으로 겉모습이 가벼워 보일지라도, 아무리 열정적인 순간에도 절대로 더럽혀지지 않을 것 같은 무언가가 있습니다.

처녀자리 남성은 진정한 사랑을 찾는 일에 자기의 귀중한 시간을 충분히 할애할 것입니다. 음식, 옷, 건강 그리고 일을 대할 때와 마찬가지로 여성을 선택하는 일에서도 아주 까다롭게 공을 들이기 때문입니다. 그를 속이거나 거짓말을 할 생각은 하지 마세요. 당신의 처녀자리 남자친구는 절대로 환상을 가지고 있지 않습니다. 그는 품위 있고 정직하며 진정한 관계를 원합니다. 그런 관계를 찾을 수 있는 가능성이 정말 적다는 것은 본인도 잘 알고 있지만, 그 기준에 미치지 못한다면 받아들이지 않을 것입니다. 어쩔 수 없이 부정한 관계에 연루되었다고 하더라도 그는 그런 상태에 오래 머물러 있지 않을 것입니다.

처녀자리 남성은 감정적으로 잘 흔들리지 않습니다. 그는 인생의 동반자에 대한 절실한 필요성을 느끼지 못한 채로 오래 살아갈 수도 있습니다. 만약 그를 유혹해서 결혼하겠다고 작정했다면 당신은 눈물을 흘리게 될 수도 있습니다. 그가 혹시 돌부처는 아닌지 심장은 있는지 의심이 들 정도입니다. 하지만 그는 돌부처도 아니고 뛰는 심장도 있답니다. 인내심을 가지세요. 기다릴 줄 아는 여인에게는 결국 좋은 일이 생길 것입니다.

가끔 호기심 많고 욕구 불만이 있는 처녀자리 남성은 단순히 자신의 남성성을 확인하기 위해 의도적으로 문란한 성생활을 시도할 수도 있습니다. 물론 남성성이 부족하지 않죠. 그 사실을 발견하는 즉시 그는 더 이상 의도적인 경험을 추구하지 않습니다. 아무리 냉정하고 냉철하며 침착한 처녀자리 남성이라도 인간의 본성을 영원히 외면할 수는 없지만, 그 본성에 일단 굴복하고 나면 그것을 인정하는 것을 매우 부끄러워할 것입니다. 굴복의 한계점에 다다르면 자기의 진실한 감정을 무심함으로 정교하게 가려 버립니다. 처녀자리는 부드러우면서도 극도로 정제된 연기력을 가지고 있습니다. 파티가 재미없을 때에 아픈 척하는 것처럼, 교묘하게 관심 없는 척한답니다. 그러니 그가 사랑을 고백한 뒤에도 열광적으로 당신에게 굴복해 오는 그런 몸짓을 보여 줄 거라 기대하지 마세요. 그는 당신이 자기가 독신 생활을 포기할 만한 진정한 사랑인지 고민하는 와중에도 겉으로는 아주 냉담한 척할 것입니다.

하지만 일단 결정을 내리고 나면 소박한 감동을 담아서 고백할 것입니다. 처녀자리 남성의 사랑은 다른 별자리처럼 변화가 심하지 않고 꾸준하게 타오르며, 오랫동안 신뢰할 수 있는 따뜻한 사랑입니다. 그러니 뭐 그리 나쁜 것은 아니지요? 처녀자리의 사랑에서 동화적인 모습은 바로 이것 하나입니다. 그가 진실로 사랑에 빠졌을 때에는 그 사랑을 얻기 위하여 몇 년이라도 기다릴 줄 알고, 그녀를 자기의 따뜻한 집으로 데려오기 위하여 수천 개의 산도 넘을 것입니다. 그는 유리 구두에 맞는 앙증맞은 발을 찾기 위해 엄청난 희생도 감수할 수 있습니다. 그 불꽃은 한번 지펴지면 절대로 꺼지지 않습니다. 당신은 신데렐라처럼 영원히 사랑받을 것입니다. 처음에 무엇으로 불을 붙이느냐가 관건일 것 같네요. 작은 유리 구두에 맞는 발은 아주 드물지요. 처녀자리 남성은 매우 까다로운 사람들입니다.

일단 그의 사랑을 얻고 나면 그는 절대로 당신이 질투할 일을 만들지 않을 것이고(있더라도 아주 드물게) 경제적인 문제나 친척들 또는 어떤 외부의 방해로 인해 생기는 어려움도 모두 극복해 나갈 각오를 할 것입니다. 당신이 그의 곁에서 지켜 주기만 한다면 그는 정서적으로도 물질적으로도 엄청난 강인함을 보여 줄 것입니다. 거친 세상에서 당신의 마음이나 몸이 아플 때에도 처녀자리 남성만큼 부드럽고 친절한 조력자는 찾아볼 수 없습니다. 금전적으로 풍족하게 해 주지는 않을지라도 당신에게 필요한 물건은 충분히 사 줄 것이고, 늘 충분한 배려로 당신을 아껴 줄 것입니다.

처녀자리 남성은 여성과 관련된 모든 세세한 부분에 대해서 한결같이 친절하고 사려가 깊습니다. 기억력이 아주 또렷해서 특별한 날짜를 (비록 당신이 그 날짜를 왜 그렇게 중요하게 생각하는지는 잘 이해하지 못하지만) 절대로 잊어버리지 않을 것입니다. 처녀자리 남성의 질투심은 심하지 않지만 소유욕은 극단적입니다. 무시해도 될 것 같아도 매우 중요한 문제입니다. 다른 남성들이 당신에게 관심을 표한다고 해서 감정적으로 질투심을 보이지는 않겠지만, 그의 내면에 깊이 자리 잡고 있는 소유욕을 생각해 보면 당신이 누리는 약간의 자유가 심각한

결과를 초래할 수 있다는 점을 염두에 두어야 합니다. 당신이 자주 집을 비우다가 어느 날 집에 돌아가 보면 남편이 사라졌을 수도 있습니다. 처녀자리는 신의가 매우 강하고 가족의 유대 관계를 깨는 것을 몹시 싫어하지만, 자신이 생각하는 예의의 한계를 넘어서면 망설임 없이 이혼 법정에서 냉정하고 깔끔하게 헤어집니다. 복잡한 사전 별거 과정도 필요 없습니다. 한번 끝나면 영원히 끝입니다. 작별 인사하고 바로 돌아섭니다. 처녀자리의 기억력이 아무리 날카롭고 뛰어나더라도 이런 경우에 추억을 떠올리면서 감상적인 눈물을 흘리지는 않습니다. 자기 감정을 단호하게 조절하는 것처럼 기억도 스스로 조율할 수 있기 때문입니다. 자제력은 처녀자리의 기본 성품 중의 하나입니다. 처녀자리 남성은 한번 마음을 먹으면 그대로 실행하고, 당신이 아무리 눈물을 흘리며 사과해도 절대로 마음을 바꾸지 않을 것입니다. 한번 금이 간 관계일지라도 부서진 조각들을 다시 붙여서 온전해질 수도 있다는 환상은 절대로 갖지 않습니다.

당신이 처녀자리 남성에게 마음을 빼앗긴 상태라면, 특히 그와 함께 있을 때에는 사리 판단을 잘해야 합니다. 처녀자리 남성은 먼지와 저속함을 싫어하는 만큼 무지와 어리석음, 그리고 무분별함을 싫어합니다. 그것도 엄청나게 싫어합니다. 처녀자리 남성을 유혹하려는 여성이라면 옷은 깔끔하게 입고 단정한 머리 스타일에 적당한 사고력이 있어야 합니다. 단정한 머리 스타일이라고 한 점에 주목하세요. 처녀자리 남성은 몸과 마음이 모두 청결한 여성을 원하고, 옷을 잘 입어야 하지만 너무 화려한 패션은 좋아하지 않습니다.

줄리아 차일드*처럼 전문적인 요리사가 될 필요는 없지만 그래도 처녀자리 남편이 통조림 음식을 군말 없이 먹을 거라는 순진한 생각은 버리는 것이 좋습니다. 쾌락을 추구하고 이기적이며 정신적으로 게으른 여성이라면, 아무리 성적인 매력이 넘쳐나더라도 처녀자리 남성의 마음을 얻을 수 없습니다. 처녀자리 남성은 상의를 거의 벗은 채 신나게 노는 여성을 보면 추울까 봐 스웨터를 빌려 줄 수는 있지만 절대로 쫓아다니지는 않습니다. 요점을 말하자면 처녀자리 남성은 단순히 애인이 아

* 줄리아 차일드(Julia Child, 1912~2004): 미국의 요리 연구가.

니라 배우잣감을 찾고 있습니다.

처녀자리 남성은 일반적으로 아버지 역할을 특별히 동경하지는 않습니다. 정서적 만족을 위해서 굳이 자녀를 필요로 하지는 않는 것으로 보이는데 그래서인지 처녀자리 남성은 자녀를 적게 두는 경향이 있습니다. 하지만 일단 자녀가 태어나면, 아주 성실한 아버지가 되어 절대로 자기의 책임을 소홀히 하지 않습니다. 자녀들에게 삶의 요령을 가르쳐 주고 자기의 높은 기준의 처세술을 전수하느라 많은 시간을 보낼 것입니다. 아이들의 숙제를 즐겁게 도와주고 아이들의 취미 활동, 음악 레슨, 캠핑 그리고 대학 생활을 위해서도 끝없는 희생을 합니다. 처녀자리 아버지는 지성을 많이 강조하고 도덕과 예의범절 그리고 훌륭한 시민정신에 대해서도 엄격하게 아이들을 교육할 것입니다. 이혼하더라도 자녀들이 어디에 있든 보살핌을 잘 받고 교육을 잘 받을 수 있도록 끝까지 돌봅니다. 처녀자리 아버지를 둔 자녀들은 대부분 책과 배움을 좋아하고 존중하면서 자라게 됩니다. 처녀자리 부모가 아이들을 버릇없이 키우는 경우는 거의 볼 수 없으며, 필요한 규율을 충분히 가르치는 편입니다. 그러나 처녀자리 아버지에게는 애정표현이 자연스럽지 않기 때문에 자녀들에게 사랑을 직접 몸으로 많이 표현할 필요가 있습니다. 자녀가 어릴 때부터 진지하게 노력하지 않으면 언젠가 사랑하는 자녀들과의 관계에 넘을 수 없는 벽이 생겼음을 깨닫게 될지도 모릅니다. 또한 아이들에게 너무 비판적이고 어릴 적부터 기대치가 너무 높아서 지나치게 엄격해지는 경향도 있습니다.

처녀자리 남성은 당신이 자기의 건강에 신경을 많이 써 주기를 기대하는 만큼 당신이 아플 때에도 역시 잘 보살펴 주며 당신의 엄살도 받아 줍니다. 그는 가끔, 어쩌면 좀 자주 괴팍스럽고 변덕스러워질 때도 있습니다. 하지만 한 가지는 확실하지요. 그럴 때에는 가만히 내버려 두면 당신과 말다툼할 일이 없습니다. 혼자 심술을 부리도록 내버려 두면 나중에는 다정하게 당신에게 보상할 것입니다. 걱정하도록 내버려 두세요. 처녀자리에게는 걱정이 일종의 정신적인 운동이니 그리 나쁠 것은 없습니다. 하지만 걱정이 지나쳐서 그의 몸 상태에까지 영향을 주는 기미가 보이면 뭔가 흥미롭고 색다른 것을 하자고 제안해서 그런 상태에서 빠져나오게 해야 합니다. 처녀자리의 정신적인 관심을 유도하는 일은 그리 어렵지 않습니다. 그것을 유지하는 일은 조금 어려울 수 있겠죠.

자, 이제 당신이 바라보고 있는 처녀자리 남성이 어떤 사람인지 알게 된 지금에도 여전히 그를 사랑하고 있다면 상당히 만족스러운 미래를 기대해도 됩니다. 당신은 기민하고 박식한 남편, 당신이 자기의 수족이 되어 주기를 바라지도 않고 향수를 잔뜩 뿌리고 장미를 입에 문 채 섹시한 무드를 끊임없이 연출해 줄 것을 기대하지도 않는 남편을 맞이할 것입니다.(장미보다는 양손에 비누를 항상 들고 다니기를 바랄 거예요.)

당신이 그의 단점을 요령 있게 대처한다면 그는 믿음직하고 상냥한 남편이 될 것입니다. 사실 처녀자리 남편은 단점이 별로 없습니다. 밤마다 가구 위에 혹시 먼지가 있는지 손가락으로 쓸어 보는 것이 단점이라면 단점이겠죠. 그가 어떤 행동을 하든 되도록 잔소리를 하지 마세요. 그는 비록 타인에게 종종 그러지만, 본인이 비판적인 분석의 대상이 되는 것은 잘 받아들이지 못하도록 설계되었다는 점을 기억하세요. 그가 당신을 비판하는 버릇에 적응하고, 그가 사소한 일도 예민하게 따질 수밖에 없는 사람이라는 현실을 받아들이고 그냥 웃어넘기세요. 그런 반응에 화내지 않는 노하우를 일단 터득하면 당신은 여유가 생길 것이고, 똑똑하고 신의가 깊은 처녀자리 남편과의 생활을 제대로 즐길 수 있게 됩니다. 그는 천사는 아닙니다. 겨드랑이에 날개는 없어요. 하지만 다른 기혼 여성들이 당신을 무척 부러워할 것입니다.

어쨌든, 열심히 일하고 잘생기고 깔끔하고 집 안 정리도 잘하며 기념일을 꼬박꼬박 기억해 주고 경제관념이 밝은 그런 남편과 결혼하는 여성들이 몇이나 되겠습니까? 옷도 잘 입고 친구들과 밖에 나가서 잘 놀지도 않고 다른 여성들은 거들떠보지도 않고 대체로 부드럽고 사려 깊은 그런 똑똑한 남편을 둔 여인이 몇 명이나 있을까요? 다시 한 번 찬찬히 살펴보세요. 그의 머리 주위에 빛나는 것이 길거리 불빛이 반사된 것인가요? 아니면 혹시…… 부처님? 아니오, 절대로 후광은 아닙니다. 특히 오늘 밤 극장에서 당신이 버터 팝콘을 그의 무릎에 쏟았을 때 그가 당신에게 버럭 화를 낸 것을 보면 절대로 아닙니다. 그럴 리가 없지요. 그렇게 성격이 고약한 데요. 하지만 처녀자리 남편에게는 분명 어떤 오라 같은 것이 있습니다. 그리고 그가 미소를 지을 때면, 그의 맑은 눈동자에 당신의 얼굴이 비치기도 합니다, 정말로 날개를 단 사람이 나타날 때까지는 그런 처녀자리 남편을 천사라고 해도 될 것 같네요.

처녀자리 여성

♍

앨리스는 병에 '독성'이라는 표시가 있는 것을 많이 마시면
뻔히 탈이 난다는 사실을 결코 잊지 않았다.

그리고 가끔은 자신을 아주 심하게 야단을 쳐서
눈물을 쏙 빼 놓기도 했다.

처녀자리 여성이 실제로 우아한 숫처녀이고 눈송이처
럼 순수한 모습일 거라고 상상하시나요? 그렇다면 곧 환
상이 깨질 것입니다. 미안하지만, 처녀자리 여성은 얇은
순백색 원피스를 입고 연못가에 무릎을 꿇고 앉아 있는
요정이 아닙니다.

처녀자리 여성은 먼 바다에서 우연히 만난 남자 때
문에 남편을 떠날 수도 있고, 결혼을 하기 전에 사랑하

는 사람의 아기를 가질 수도 있으며, 머리를 당당하게 들고 적대적인 세상에 맞설 수도 있는 여성입니다. 순수한 숫처녀의 이미지와는 상당히 거리가 있지요. 이 부드럽고 연약하고 티 없이 순수한 여성성의 상징인 처녀자리에 대해서는 공부해야 할 것이 많습니다. 한 가지는, 처녀자리 여성의 척추가 강철로 만들어져 있다는 점입니다.

처녀자리 여성이 기본적으로 수줍음이 많다는 것은 실제로 맞는 말입니다. 논란의 여지가 없지요. 처녀자리 여성은 분노에 찬 공격적인 연설을 하기 위해 연단에 오를 사람도 아니고, 캐리 네이션*처럼 손도끼를 들고 술집에서 난동을 부릴 사람도 아닙니다. 또한 음주운전으로 체포될 일도 없고 풍자극에 출연할 일도 없습니다. 혹시 그런 사례가 있으면 내기를 해도 좋습니다. 하지만 처녀자리 여성도 여성입니다. 인생이 그녀를 어떤 길로 인도하든 자기의 행복을 추구하기 위해 필요한 단호함

---

* 캐리 네이션(Carry Nation, 1846~1911): 알코올 반대 운동을 했던 미국의 여성 행동가.

이나 책략, 그리고 무기를 가지고 있습니다. 그 길을 가면서 만나는 자잘한 가시들 때문에 약해지거나 눈물로 남에게 도움을 호소하지도 않습니다.

혹시 사회 법규를 위반한 처녀자리 여성 이야기를 들으면 그 내막을 상세히 확인해 보세요. 처녀자리 여성은 기본적으로 순수한 사람입니다. 하지만 사랑에 대해서도 마찬가지로 진정한 사랑을 추구합니다. 진정성이 없는 사랑에는 관심이 없습니다. 그녀는 수성의 기운이 발동하면 세상에서 가장 높은 산도 오르고 장화와 비옷 차림으로 폭풍우가 치는 바다도 건널 것입니다. 여린 이미지와는 거리가 멀죠. 처녀자리의 진정한 지배행성은 벌컨 행성이며 천둥의 신이라는 점을 기억해 두세요. 그녀는 자기의 결혼이 완전하지 않다는 것을 깨닫고 나서 결점이 없는 (또는 결점이 없다고 생각하는) 사랑을 찾으면 이전의 관계를 주저 없이 잘라 버립니다. 마치 외과 의사처럼 냉정하고 정확하게 자르지요. 가족이라는 유대 관계를 깨기 싫어하는 마음보다 위선을 싫어하는 마음이 더 크기 때문입니다.

참되고 이상적인 사랑이라고 받아들이고 나면 관계

에 대한 자기만의 순수성이 세상의 모든 법적인 서류들보다 우위를 점하게 됩니다. 열두 개 별자리 중에서 처녀자리 여성이 가장 실용적이면서 동시에 성스러울 만큼 낭만적인 사람일 것입니다. 장거리 외국 여행에서 우연히 만난 사람과의 불륜은 표면적으로는 경솔하고 부도덕해 보일 수 있습니다. 사실 이것은, 어려운 결정을 내려야 하는 상황에 처하면 자기의 진짜 모습을 드러내는 처녀자리 여성에 대한 예상할 만한 사례입니다. 그녀는 그런 불륜으로 인해 사회적으로 쏟아지는 비난으로 고통받겠지만, 자기 동기의 순수함이 변하지 않는 한 자기의 선택도 수정하지 않을 것입니다. 정신적이고 이상 지향적인 공기의 성질을 지닌 수성의 기운과, 처녀자리의 구성원소인 흙이 섞여서 나타나는 견고한 실용성을 보여 주는 완벽한 예입니다. 처녀자리의 사랑에는 백열과 같은 정열이 있어서, 한번 불이 붙으면 그 강렬함과 목적을 향한 일관성은 다른 별자리들의 열정을 무색하게 만들 수 있습니다. 하지만 그 정열에 불을 붙이려면 시간이 좀 걸립니다.

전형적인 처녀자리 여성에게 정열적이고 육체적인

사랑은 다소 억눌려 있다는 점을 인정해야겠지만, 그녀에게는 뭔가 신비롭고 조용하면서도 기다릴 줄 아는 기질이 있어서 사랑에 있어 절제된 섬세함을 선호하는 남성들에게는 이런 '영혼의 열정'이 정열적인 육체적 사랑을 기꺼이 대체할 수 있는 자질이 됩니다.

처녀자리 여성은 완벽주의자이지만 그렇다고 해서 그녀 자신이 완벽하다는 의미는 아닙니다. 처녀자리 여성은 부정적인 성격 때문에 고생할 수 있습니다. 우선 그녀는 자기만큼 일을 질서정연하고 효율적으로 할 수 있는 사람은 아무도 없다는 강한 신념을 가지고 있습니다. 정말로 열 받게 하는 점은 실제로도 그런 사람이 별로 없다는 사실입니다. 이들은 또한 시간 엄수에 있어서도 매우 까다롭습니다. 처녀자리 여성과의 데이트에서 그녀를 기다리게 한 적이 있나요? 그녀가 화나면 당신 머리를 병으로 내리치지는 않겠지만 성질을 부리며 신경질적인 태도를 보일 수 있습니다. 당신은 차라리 그녀가 솔직하게 야단쳐 주기를 바랄지도 모릅니다. 처녀자리 여성은 가끔 잔소리를 할 때도 있는데 도에 넘치는 경우는 거의 없습니다. 그녀에게 꽃을 사다 주면서 당신이 잘못했다고 인정하고 논쟁은 하지 마세요. 논쟁을 해서는 절대로 얻는 것이 없습니다. 처녀자리와의 말싸움에서 이길 재간은 없으니까요. 구성원소가 흙인 처녀자리는 자연에서 만들어진 것에 감사할 줄 아는 사람이어서 작은 꽃다발은 그녀의 짜증을 경감시킵니다. 사과를 할 때에는 간단하고 명확하게 말하세요. 처녀자리는 바보가 아닙니다. 아무리 말을 잘하는 사람이 정교한 거짓말을 지어내더라도 그녀는 뛰어난 통찰력으로 바로 알아차릴 수 있고, 당신 옷깃에 묻은 희미한 립스틱 자국도 금세 발견하고 말 것입니다. 그녀는 순수한 마음을 지녔지만 순진한 사람은 아니랍니다.

그렇다고 해서 당신이 벗어 놓은 옷들을 확인한다는 뜻은 아닙니다. 적어도 결혼하기 전까지는 그러지 않을 것입니다. 하지만 결혼하고 나면 자기 집 안에 있는 옷이기 때문에 그리 한다고 해서 별로 죄책감을 느끼지는 않을 것입니다.

처녀자리 여성은 자기 잘못을 인정해야 하는 시점이 오면 정신적인 방어막이 생깁니다. 마치 그녀의 뇌 바로 앞에 나무로 만든 거대한 벽이 생기는 것 같습니다. 그러니 그녀의 잘못을 바로 지적하거나 비난하는 것은 현명한 처사가 아닙니다. 정말 좌절감을 느낄 만한 일이지만, 대부분의 경우 그녀가 옳을 것입니다. 그런데 싸워서 뭐 하겠습니까? 일단 그녀를 평소 기분으로 다시 돌려놓으면 큰 즐거움을 줄 텐데 누가 이기고 진들 중요한 문제가 아닙니다.

당신의 남성적 자존심에 상처가 생기는 것을 참아낼 수만 있다면, 그녀의 재정적 조언을 받아들이거나 그녀가 돈 문제를 관리하도록 하는 것이 득이 됩니다. 그녀는 아주 간결하고도 실용적인 사람이어서 전문 회계사도 간과할 수 있는 작은 실수를 잡아 낼 수 있습니다.(출생차트 상에 충돌 각도가 있거나 충동적인 성향의 동쪽 별자리를 가지고 있는 경우는 예외입니다.)

처녀자리 여성과 데이트 할 때에는 예의를 갖추고 문법에 맞게 말해야 합니다. 그녀는 언어를 오용하거나 욕을 하거나 그릇째 들고 음식을 먹는 것을 참을 수가 없습니다. 그녀의 귀에 가까이 대고 셀러리를 씹는다거나 옥수수를 통째로 들고 먹지 않는 것이 좋습니다. 그녀의 앞에서는 언제나 우아하게 식사를 하도록 노력해야 합니다. 옥수수를 굳이 먹고 싶다면 웨이터에게 잘라서 접시에 놓아 달라고 부탁하는 것이 좋습니다. 엉성한 옷차림도 그녀의 체크리스트 대상입니다. 처녀자리와 사랑에 빠지면 하루에 두 번씩 면도할 각오를 해야 하고 샤워도 마찬가지입니다. 그녀를 만나러 나가기 전에 스킨을 듬뿍 바르고 옷에 붙어 있는 보풀을 말끔히 떼어 내야 하며, 머리는 단정하게 빗고 새로 빤 셔츠를 입을 것이며, 예의를 갖추고 구두도 광을 내야 합니다. 그리고 아주 중요한 팁이 있습니다. 다음에 혹시라도 약속 시간에 늦는다면 어느새 시간이 그렇게 됐는지 몰랐던 것처럼 행동해야 합니다. 그녀의 집 문을 열고 들어가면서 화가 난 듯 행동하세요. 왜 그러느냐고 물으면 '멍청한'(이 정도가 당신이 할 수 있는 가장 불경한 표현입니다.) 도서관이 원래 규정 시간보다 5분이나 일찍 문을 닫았다고 얘기하세요. 가끔은 그럴 수 있지만 하필이면 당신이 반납할 과학 잡지를 잔뜩 들고 갔는데 문을 일찍 닫다니 너무하죠. 그러면 당신의 처녀자리 여자친구는 지각에 대해서는 완전히 잊을 것입니다.

절대로 경마장에 그녀를 데리고 가서 당신이 5번

말에게 월급의 절반을 걸었다가 날려 먹는 모습을 눈앞에서 보게 해서는 안 됩니다. 그런 이야기는 점심 시간에 동료들하고나 하시고, 그녀에게는 그녀가 변덕스럽지 않아서 너무 좋다고 계속 강조해서 얘기해 주세요. 실제로 그렇죠? 그렇지 않나요? 그녀는 사람에게 매달리는 스타일이 아닙니다. 극단적인 면이 전혀 없습니다. 그녀는 고맙게도 스스로 알아서 돌보는 타입입니다. 여성성을 그대로 간직한 채 말이지요.

육체적 매력으로 그녀를 너무 제압하지도 말고 지하철과 같은 공공장소에서 그녀를 꼭 안거나 첫 데이트에서(어쩌면 열 번째 데이트까지도) 작별 키스를 성급하게 시도하지 마세요. 더 좋은 시기를 기다려야 합니다. 전반적으로 조심스럽게 행동하세요. 우아하고 세련되게 천천히 진도를 나가야 합니다. 괜히 성급하게 굴었다가는 오페라를 보던 중에 오케스트라 피트 속에 처박힐지도 모릅니다. 얘기가 나왔으니 말인데 그녀는 극장을 좋아할 것입니다. 퍼레이드도 좋아합니다. 웅장하고 화려함, 그리고 극적인 감정들은 처녀자리 여성의 단단하게 억눌린 감정을 해소해 줍니다. 게다가 그녀는 아주 훌륭한 비평가이기도 합니다. 고도로 발달한 지성과 예술적 취향이 합쳐져서 그녀는 연극에 대한 예리한 통찰력을 발휘할 수 있습니다. 브로드웨이 프로듀서들에게 처녀자리의 이런 자질을 알려 주면 곧 열릴 쇼의 오프닝 초대권을 보내 줄 것입니다. 처녀자리 여성은 비평가들의 리뷰를 정확하게 예측할 것입니다. 처녀자리 여성의 중요한 키워드 중 하나는 식별력입니다. 그녀는 연극, 공연 그리고 책을 사랑하지만 그 내용에 대해서는 혹독하게 비평합니다. 그녀는 마찬가지로 당신의 넥타이나 당신의 머리 스타일, 그리고 당신이 하는 일과 말에 대해서도 비평할 것입니다. 그녀에게 비평이란 당신이 숨을 쉬는 것처럼 자연스러운 일입니다. 처녀자리 같은 불후의 완벽주의자가 없다면 우리는 모두 엉망진창이 되고 말 것입니다. 하지만 절대로 그녀를 비평해서는 안 됩니다. 그건 규칙에 위배되는 일입니다. 여기서는 형평성이라는 원칙이 적용되지 않습니다. 그녀가 당신에게 하는 행동을 당신은 그녀에게 하지 않는 것이 좋습니다. 그녀는 또렷한 사고력으로 당신의 결점을 알아차리듯이 본인의 결점도 잘 인식하기 때문에, 자주 스스로를 아주 엄하게 채찍질합니다. 그런 이유 때문에 당신은 그녀의 결점을 파악해 줄 필요가 없습니다. 그녀의 가장 혹독한 비평가는 그녀 자신이랍니다.

처녀자리 여성과 사랑을 할 때 좋은 점은 그녀가 당신의 모든 걱정을 대신해 주고 심지어 그것을 즐기기까지 한다는 것입니다. 당신의 남성성을 해치지 않으면서도, 당신이 바보 같은 실수를 하지 않도록 해 주지요. 이것이야말로 다른 별자리 여성들이 잘 모방할 수 없는 예술이랍니다.

신의에 대해 이야기하자면, 도대체 이해할 수 없는 자기만의 복수심으로 고결함을 헌신짝처럼 버리기로 결심한, 아주 드문 처녀자리 여성의 이야기가 당신 귀에 들려올지도 모르지만, 그런 의외의 모습 뒤에는 무언가 그녀 스스로 입증하고 싶은 욕망이 있기 마련이고 그런 욕망은 오래가지 않습니다. 그렇게 가끔 앞뒤 가리지 않고 쾌락의 길을 질주하는 처녀자리 여성은 그런 과실을 감출 만큼 영리하고, 또한 그런 행동은 아주 예외적일 확률이 높습니다. 일반적으로 그녀는 당신을 정말로 사랑한다면, 세상에서 가장 섹시한 남성과 한 달 동안 무인도에 함께 있어도 아무 일 없을 만큼 신의가 두텁습니다. 두 달도 가능하냐고요? 글쎄요, 처녀자리 여성도 인간이라는 점을 당신도 알고 있겠지요. 이들은 걸어 다니는 기계가 아닙니다. 이들은 보기보다 따뜻한 마음을 가지고 있고, 감전된 것처럼 갑작스러운 느낌을 받을 수도 있습니다. 처녀자리 여성은 감정을 잘 통제하고 있을 뿐이지 감정이 없는 것은 아닙니다. 이 점을 기억하세요. 한편으로는 당신에게도 용기를 줄 수 있는 대목이지요.

처녀자리 여성은 아주 사소한 일에 대해 성가실 정도로 꼼꼼하지만, 동시에 세상에서 가장 친절하고 관대하고 애정이 많은 존재이기도 합니다. 그녀의 완벽주의가 단점이 아니라 미덕이라고 생각하세요. 생각 없는 행동이 만연하는 이 세상에서 처녀자리의 날카로운 눈과 지성이 없다면 우리가 어떻게 살아갈 수 있겠습니까? 비록 비판적인 태도로 당신을 가끔 짜증나게 하지만 절대로 거부할 수 없는 그녀만의 사랑스러운 기질이 있습니다. 물론 당신은 이미 그것이 무엇인지 알고 있을 것입니다. 그렇지 않다면 하루에 면도를 두 번이나 할 리가 없고 매일 밤 도서관에 갈 리도 없지요. 그녀의 겸손한 태도와 부드럽고 맑은 눈동자가 역할을 제대로 해냈군요. 또한 당신은 사람들이 그녀를 괴롭히지만 않는다면 그녀가 얼마나 재미있는 사람이고 그 머릿속에 똑똑한 위트가 얼마나 넘쳐나는지 알아챘을 것입니다. 정말 신기하게도 처녀자리 여성이 웃을 때에는 마치 진주로 만든 작은 종이 울리는 듯한 착각이 듭니다.

처녀자리 여성은 환상을 좇지 않습니다. 그러니 그녀에게 마음에 없는 말을 늘어놓지 마세요. 그녀에게 있어 진실은 곧 아름다움이고, 아름다움은 곧 진실입니다. 3초마다 한 번씩 재떨이를 비우는 그녀에게 적응하고, 그녀가 기르는 길 잃은 새끼 고양이에게도 잘해 주세요. 그러면 그녀는 그 특유의 여성스러운 우아함으로 자기의 역할을 잘해 나갈 것입니다. 그녀는 자신이 신뢰하는 사람에게만 자기를 조심스럽게 보여 줄 것입니다. 사소한 일도 그녀에게는 모두 소중합니다. 겸손하고 부끄러움을 많이 타지만, 어려운 시기에는 사람들에게 위안을 줄 수 있을 만큼 충분한 강인함을 지니고 있습니다. 처녀자리 여성의 조용한 용기와 깊은 책임감은 대가족을 한데 묶어 주는 마법의 끈으로 작용하기도 합니다. 요리도 잘하고 절대로 당신에게 독이 든 음식을 주는 일은 없습니다. 집은 언제나 깨끗하고 안락할 것이며 식탁 위에는 초콜릿 대신 사과가 듬뿍 담긴 큰 그릇이 놓여 있을 것입니다.(초콜릿은 치아와 건강에 별로 좋지 않지요.)

당신의 자녀들이 콧물을 줄줄 흘리며 얼굴에는 잼을 묻히고 찢어진 운동화를 신고 동네를 뛰어다닐 일은 절대로 없습니다. 아이들이 당신의 담배를 가지고 장난치거나 당신의 서류에 그림을 그려 놓는 일도 없을 것입니다. 처녀자리 여성은 자식들을 엄하게 가르칩니다. 자녀를 한두 명 정도밖에 낳지 않는 경향이 있고, 자신의 여성성을 만족시키기 위해 특별히 모성애를 필요로 하는 것 같지는 않습니다. 하지만 일단 자녀가 생기면 아이에게 신체적으로, 도덕적으로 또는 교육적으로 필요한 부분을 절대로 소홀히 하지 않을 것입니다. 아이에게 정서적으로 필요한 부분을 쉽게 채워 주지는 못할 수 있지만, 당신이 그녀를 사랑하고 그녀에게 감사하고 있다는 확신을 주면 그녀에게는 자녀에게 따뜻한 애정을 듬뿍 줄 여유가 생깁니다. 아이들은 처녀자리 엄마가 정말 재미있고 따뜻한 사람이라고 생각할 것입니다. 확고한 원칙이 있고 아이들에게 좋은 습관을 들이려고 노력하지만, 아이들에게 늘 정말로 사랑한다고 다정하게 말해 주는 어머니입니다.

수중에 6펜스가 남아 있다면 그 돈으로 빵을 사지 말고 '영혼을 위한 히아신스'를 사라는 시를 아시나요? 처녀자리 여성에게는 둘 다 주어야 합니다. 처녀자리 아내가 바느질을 하거나 무언가를 수선하는 모습을 자주 볼 텐데, 전형적인 처녀자리 여성이라면 집 안을 늘 싱싱한 꽃향기로 가득 채우고 집에서 직접 구운 따뜻한 빵을 배불리 먹일 것입니다. 집에 오는 길이 늘 즐거워지죠. 당신이 오랫동안 꾸던 꿈을 손질해서 다시 빛나게 해 줄 수도 있고, 절대로 당신의 면도기를 쓰지 않으며, 당신의 칫솔로 마스카라를 칠하지도 않을 것입니다. 당신이 아플 때에는 마치 천사처럼 간호해 주고, 당신의 제일 친한 친구에게 눈웃음을 쳐서 당신을 당황스럽게 하지도 않을 것입니다. 그녀는 항상 옷을 단정하게 입고, 분유 값 얘기나 미용실 수다 말고도 다른 여러 주제에 대해서 당신과 이야기를 나눌 수 있습니다. 당신은 마땅한 신의와 헌신을 충분히 받게 될 것입니다. 질투심 때문에 감정적으로 흥분하지도 않고, 당신의 돈을 헛되이 낭비하지도 않습니다. 당신의 비밀은 가슴에 묻어 둘 줄 알고, 당신이 일을 좀 더 효율적으로 관리할 수 있도록 도와줄 것이며, 중년이 되어도 얼굴에 주름이 생기지 않을 것입니다. 이 정도면 당신이 매너를 갖추고 손톱 밑을 깨끗하게 관리할 이유가 충분하지 않나요? 처녀자리 여성의 눈은 순수한 사랑의 샘물처럼 맑고, 그녀의 웃음은 온 집 안을 환하게 밝혀 줍니다. 처녀자리 여성을 꼭 잡아 두세요. 이렇게 좋은 행운은 두 번 다시는 없을 것입니다.

처녀자리 어린이

♍

하지만 어린 굴 네 마리는
그 초대에 몹시 들떠 있었어.
코트를 손질하고 세수를 하고
신발도 깨끗하고 말끔하게 닦았어.

처녀자리 아기는 신생아실 주위에서 들리는 소리를 따라해 보려고 합니다. 그 작은 아기는 잘 알려지지 않은 처녀자리의 연기 재능을 벌써부터 시험해 보고 있답니다. 이 모방 능력은 거의 태어나는 순간부터 드러나기 시작합니다. 처녀자리 아기는 초롱초롱하고 재빠르면서도 동시에 다른 아기들보다 유순하고 조용합니다. 커서는 위안이 되기도 하고 짜증이 나기도 하는 처녀자리의 모순적인 성격을 보여 주는 전조입니다.

처녀자리 아기가 복숭아 잼을 먹고 싶어 할 때 사과 잼을 먹이려 하지 마세요. 그러면 당신은 한동안 꼼짝 못하게 될 것입니다. 의자 곳곳에 사과 잼이 뒤범벅이 되고 결국 아기는 먹기 싫은 사과 잼을 한 입도 삼키지 않을 것입니다. 먹기 싫다고 고개를 옆으로 돌리면서도 사랑스럽게 웃고 있지요. 가끔은 아이스크림보다 시금치를 더 좋아해서 당신을 깜짝 놀라게 하기도 합니다. 음식에 대한 처녀자리의 까다로움은 이렇게 어릴 적부터 남다릅니다.

까다로운 식성과 가끔 소화를 잘 못 시키는 일 외에는 처녀자리 자녀와 싸울 일도 없고 엄살도 잘 부리지 않을 것입니다. 아주 어릴 적부터 이 꼬마들은 정리정돈을 잘 해서 가지고 놀던 장난감도 알아서 잘 치웁니다. 친구들과 함께 있거나 사람들이 많은 곳에서는 수줍음을 타고 조용해지기는 하지만, 가족이나 친구들 앞에서는 말을 또박또박 잘합니다. 일찍부터 말을 떼고 잘하기도 하지만 낯선 사람 앞에서는 말수가 적어집니다. 처녀자리 아이는 말썽을 잘 피우지 않고 엄마가 집안일을 할 때에도 좋은 친구가 되어 줍니다. 엄마가 하는 일은 무엇이든 즐겁게 따라 하겠지만 처음으로 꾸지람을 들었을 때에는 언짢아할 것입니다.

학교에서 처녀자리 아이는 교사의 사랑을 독차지하는 경우가 많은데, 가르치기도 쉽고 공부도 열심히 하기 때문입니다. 전형적인 처녀자리 학생은 영리하고 태도도 훌륭하기 때문에 가르치는 일 자체가 즐거움이지요. 하지만 이 아이들을 비판하는 일은 가능한 삼가야 합니다. 실수에 대해서 너무 스트레스를 받으면 지나치게 걱정을 하게 되고, 가끔은 스트레스 때문에 진짜로 아프기까지 합니다.

특히 반 아이들 앞에서 처녀자리 아이에게 훈계를 하면 아이는 매우 고통스럽게 굴욕감을 느끼게 되고, 오랫동안 학습 욕구가 저하될 수 있습니다. 처녀자리 아이가 실수를 하면 조용하게 한 번만 얘기해 주세요. 스스로도 선생님만큼 혹은 선생님보다도 더 실수를 바로잡으려고 애를 쓴답니다.

처녀자리 아이는 다른 아이들이 재미없어 하는 따분한 일을 책임감을 가지고 중요하게 받아들입니다. 효율적이고 믿음직한 이 아이들은 진지하지만 상냥하고 유쾌한 성격을 가지고 있으며, 반에서 드센 아이들의 놀림을 받으면 약간 괴팍해질 만큼 예민하기도 합니다. 처녀자리 아이는 적응력이 두드러지게 뛰어나서 풍경화도 능숙하게 그리고 학교 신문 편집도 아주 잘해 냅니다. 처녀자리 아이에게 연극을 권하는 것도 좋습니다. 주목받고 싶어 하지는 않지만 아주 뛰어난 현실 감각으로 캐릭터를 해석할 수 있습니다. 무대 공포증만 극복한다면 좋겠지요.

처녀자리 아이는 정직하고 섬세하며 신중하고 또 집중력이 뛰어나기 때문에 교사가 시험지를 채점하다가 학생의 도움이 필요할 때 늘 먼저 부르게 됩니다. 교실을 감독하는 일을 맡기면 처녀자리 아이는 공정하면서도 빈틈없이 행동합니다. 하지만 가끔은 처녀자리 아이 때문에 교사가 난처한 상황에 빠지기도 합니다. 교사도 사람인지라 말을 잘못 할 때가 있는데, 평소에는 수줍음 많고 조용한 처녀자리 아이가 손을 들고 선생님의 실수를 또박또박 지적하기 때문입니다. 처녀자리 학생은 원인과 현상을 알고 싶어 합니다. 권위에 도전하는 편은 아니지만 내용이 이해가 가지 않을 때에는 책에 있는 내용도 의문을 품습니다. 꼬치꼬치 캐묻는 것을 좋아하는 근실한 처녀자리 학생에게는 책에 나와 있는 내용만으로는 부족한 경우가 많습니다. 이 아이들에게는 다양한 교육용 장난감이 필요하고 어릴 때부터 책을 많이 읽어 주어야 합니다. 어릴 때 충분한 교육을 받지 못하면 커서 불행한 사회 부적응자가 될 수 있습니다. 처녀자리 아이는 다른 아이들보다 아는 것이 적으면 과민하고 내향적인 성격으로 변하고, 자신의 부적응 때문에 심하게 당황스러워합니다.

처녀자리 아이가 청소년기를 보내면서 이성에 대해 지각하게 될 때에는 그냥 모른 척해 주는 것이 가장 좋습니다. 처음으로 남자친구가 생긴 처녀자리 여자 아이를 놀리면 오랫동안 감정적인 상처로 남을 수 있고, 처녀자리 남자 아이에게 데이트에 대해 캐물으면 독신주의자가 될 가능성이 있습니다. 처녀자리는 결혼까지 이어질 만한 친밀한 관계를 쉽게 받아들이지 못하므로 연애 과정도 가능하면 물 흐르듯이 부드럽게 이어져야 합니다.

처녀자리 아이는 감정적 욕구를 신체적 애정 표현

으로 채워 주어야 합니다. 아이는 절대로 그런 갈망을 드러내지 않겠지만 이런 부분이 충족되지 않으면 미래의 인간 관계에 심각한 영향을 미칩니다. 아무리 예쁘고 똑똑한 여자 아이도, 아무리 잘생기고 영리한 남자 아이도 자신이 매력 있는 사람이라는 점을 스스로 납득해야 합니다. 본인의 겸손하고 잘난 체하지 않는 모습이, 보다 외향적인 성향의 다른 친구들만큼 매력적이라는 것을 좀처럼 믿지 못합니다. 처녀자리의 자아는 용기를 아무리 많이 북돋워 주어도 자만하지 않기 때문에, 안아 주고 뽀뽀해 주고 칭찬해 주고 등을 다독여 주는 것에 인색할 필요가 없습니다. 당신의 처녀자리 아이는 이러한 정서적인 비타민을 아주 많이 필요로 한답니다.

처녀자리 아이는 뚜렷한 습관을 많이 가지고 있고, 만약 자기 물건이 어디로 옮겨져 있거나 사생활이 침해당하면 불평을 합니다. 특정한 시간에 특정한 행동을 하는 개인적인 일정이 흐트러지면 화를 냅니다. 처녀자리 아이에게 솔직한 의견을 물어보는 일은 위험할 수 있습니다. 그런 일만 없다면 아이는 주위 사람들에게 아주 친절할 것입니다. 아이는 모든 식구들을 비판할 테고, 가끔은 재미있기도 하지만 상처를 줄 정도로 예리하게 식구들의 단점을 흉내 내기도 합니다. 아이는 어려서부터 자기만의 공간을 요구할 것이며 당신의 요리에 대해서도 까다롭게 굴 것입니다. 감자를 덜 으깼다고 불평하고 양념을 너무 많이 넣었다고 불평합니다. 하지만 다른 아이들이 대부분 글자를 깨치지도 못할 시기에 처녀자리 아이는 뛰어난 책임감을 보여 줄 것입니다. 아이는 엄마가 두통으로 고생하거나 아빠가 돈 문제로 걱정을 하면 옆에서 애처로운 눈길로 바라봐 줍니다. 학교에서는 좋은 성적을 받아 오고, 집안일도 기꺼이 잘 도와주고, 자기 용돈도 신중하게 잘 쓸 것입니다.

처녀자리 아이가 자기도 완벽함과는 거리가 멀면서, 당신이 음식을 할 때 콩을 빼라고 하거나 방금 다림질한 옷에 구김이 있다고 입지 않으려 할 때에는 정말로 화가 나서 어찌할 바를 모르게 됩니다. 하지만 이런 것만 제외한다면 처녀자리 아이는 가족의 즐거움이 된답니다.

처녀자리 아이에게 어려서부터 고양이나 새 같은 연약한 동물을 기르게 해 주면, 아이는 이들을 돌보면서 조용하고 눈에 띄지 않게 사랑을 베푸는 법을 배울 수 있습니다. 세인트 버나드나 경찰견처럼 큰 개는 안 됩니다. 전형적인 처녀자리 아이는 작은 애완동물들을 더 좋아합니다. 개미집에 관심을 보일 수도 있습니다. 작은 개미들이 부지런히 왔다갔다하면서 일하는 모습을 보면서, 호기심이 많고 실용적인 처녀자리 아이는 강한 흥미를 느낄 것입니다.

아이가 하는 말을 잘 들어 보세요. 처녀자리 아이는 그 나이 또래를 능가하는 지혜를 지니고 있습니다. 당신이 아이에게 바라는 것을 아이가 정확하게 알고 있다면 당신을 기쁘게 하기 위해 매우 열심히 노력할 테니 당신이 아이에게 잔소리할 일은 거의 없을 것입니다. 아이가 상상력을 충분히 키울 수 있는 여건을 만들어 주세요. 그렇지 않으면 아이는 상상력을 쉽게 잃을 것입니다. 아이의 버릇을 망칠까 봐 혹은 너무 환상을 심어 줄까 봐 걱정할 필요는 없습니다. 처녀자리 아이는 스스로에게 엄격하기 때문에 그럴 가능성은 없습니다.

아이의 마음에 아름다운 꿈을 되도록 많이 채워 주세요. 그러한 밝은 환상들은 아이가 성장했을 때 필요로 하는 감정적인 균형감을 제공해 줍니다. 아이가 소원을 빌 수 있는 비밀의 별을 하나 정해 주세요. 어른이 되어 외로운 순간이 오면 마법 같은 꿈에 대한 기억이 그를 지켜 줄 것입니다. 다른 아이들과는 달리 처녀자리 아이는 요정 이야기나 꾸며 낸 이야기를 별로 좋아하지 않을 수 있습니다. 처녀자리 아이는 진정한 현실주의자입니다. 그렇기 때문에 더더욱 마법과 환상 이야기를 필요로 할지도 모르죠.

처녀자리 사장

♍

"우린 말할 수 있어. 이야기할 만한 사람이 있으면."
참나리가 말했다.

사장이 처녀자리라면 그에게 친절하게 대해 주세요. 그
는 아마도 속으로는 고민이 많고 우울한 사람일 것입니
다. 처녀자리는 남들을 힘으로 리드하면서 권력을 행사
하는 보스 기질을 타고난 사람들이 아니기 때문에 사장
이 되기로 한 자신의 결정을 무지막지하게 후회할 것입
니다. 물론 출생차트에 있는 행성의 위치에 따라 권력을
가진 자리에서 능력을 발휘하는 처녀자리도 있지만, 이

런 경우는 극히 드뭅니다. 한 손으로 꼽을 수 있을 정도입니다.

전형적인 처녀자리는 권력의 뒤에서 사람들의 독창적인 아이디어를 믿음직하게 이행하는 2인자의 자리에 있을 때 최고의 능력을 발휘합니다. 회사 내 여러 가지 문제에 대처하면서 동시에 즐거운 회사 이미지를 연출해야 하는 대기업의 회장 역할보다는, 그 옆에서 보좌하는 역할을 맡을 때 더 행복해하고 능력을 발휘할 수 있습니다. 처녀자리가 가장 꺼려하는 역할은 스스로의 명예를 드높이면서 모든 사람들의 고민거리를 들어 주는 역할입니다. 처녀자리는 평생 동안 걱정해도 모자라지 않을 만큼 충분한 고민거리들을 이미 가지고 있지요. 그 중에 대부분이 지나친 공상의 산물이기는 하지만요.

처녀자리가 혁신적인 성향을 지닌 파트너의 충동적인 행동을 책임져야 한다는 압박감을 견디면서 부하 직원에게 지시를 쏟아내고 홍보 사업도 밀어붙이고 거대 회사의 재정 문제도 신경 써야 한다면, 일반적인 처녀자리보다는 얼굴이 더 두꺼워야 하고 자신감도 더 커야 합니다. 회사 대표로서 처녀자리가 우울한 부적응자가 될 수밖에 없는 이유는, 그가 숲은 놓치고 나무들만 자세히 보기 때문입니다. 하지만 동시에 이것은 회사의 대표에게 조언을 하는 2인자 지위에 있을 때에는 회사에 없어서는 안 될 소중한 인재의 자질이기도 합니다. 처녀자리는 큰 그림은 못 보지만 보다 공격적인 사람들이 경솔하게 놓치는 세부 사항들은 지적할 수 있습니다. 복잡한 프로젝트를 추진하면서 심각한 실수를 방지할 수 있는 사람이 바로 처녀자리입니다. 위태로운 프로젝트를 수없이 맡아서 안전하게 마무리할 수 있는 인재랍니다. 경영자 위치에서 일하면서 이러한 재능을 낭비해서는 안 됩니다. 경영자 위치에서는 자신이 꼼꼼함의 기적을 만들어 낼 수 있는 충분한 사생활이 보장되지 않으니까요. 실제로 처녀자리는 대중 앞에서 조직력을 발휘할 수밖에 없는 위치에 서면, 실제로는 그렇지 않은데도 마치 앞뒤가 맞지 않는 이야기를 하는 사람처럼 보입니다. 그래서 숨겨진 허영심 때문에 그런 지위를 맡는 처녀자리는 이런 비난을 받게 됩니다.

처녀자리 사장이 비판적인 의견을 제시해야만 할 때에는 사람들의 비난을 살 수밖에 없습니다. 어쩔 수 없습니다. 사장이라면 속으로는 아니라고 생각하면서도 겉으로는 웃으면서 그렇다고 말해야 하기도 하고, 반대로 속으로는 긍정하면서도 겉으로는 인상을 쓰면서 아니라고 말해야 하기도 합니다. 모두 게임의 일부이지요. 하지만 처녀자리는 콩을 보고 그냥 콩이라고 합니다. 그것을 팥이라고 하지 않았다고 사람들이 등을 돌리면 처녀자리 사장은 당황할 수밖에 없지요.

결론적으로 처녀자리는 권력을 가진 자리에 있으면 가끔 자기방어를 위해 기만을 사용하게 되고, 기만 자체는 절대로 처녀자리가 타고난 재능이 아니기 때문에 교활하다거나 위선적이라는 비판을 받게 되는 것입니다. 사실 처녀자리는 위선을 정말로 증오하는데, 참으로 안타까운 일입니다. 하지만 앉지 말아야 할 자리에 앉은 대가를 치르는 셈입니다. 일반적인 처녀자리 사장이 고객에게 와인과 식사를 대접하면서 말도 많이 해야 하는 자리에 있으면, 몇 달만 지나도 동굴로 들어가 숨고 싶어질 것이고, 만약 몇 년 동안 지속해야 한다면 실제로 심각한 정신질환을 앓을지도 모릅니다.

처녀자리가 자기의 진짜 모습을 찾으려고 노력한

다면, 그는 결국 조직 내에서 자신이 직접 서류를 다루며 실무를 맡는 것이 훨씬 나으며 기념사진을 위해 웃으며 포즈를 취하는 일은 다른 사람에게 맡기는 것이 좋다는 사실을 깨닫게 됩니다. 그가 업무에 진정으로 헌신하게 되면(처녀자리 중에 헌신을 모르는 사람이 있을까요?) 그는 회사의 대표가 해야 하는 사교적이고 정치적인 일들이 자기 본연의 의무를 소홀히 하게 만든다고 확신하기 때문에 그런 일들을 내심 경멸하게 됩니다. 의무를 소홀히 하는 것은 처녀자리로서는 가볍게 넘길 일이 아니지요.

하지만 열 명 남짓의 직원을 둔 작은 규모의 사업체라면 처녀자리 사장도 보스 역할을 잘할 수 있습니다. 스스로 잠재 위험에 대해 여러 측면에서 꼼꼼하게 검토하고 목록을 만들어서 관리하기 때문에 예상 밖의 난관에 부딪힐 일이 없습니다. 하지만 큰 사업체는 전형적인 처녀자리와는 절대로 어울리지 않습니다. 물론 모든 규칙에는 예외가 있듯이, 예를 들어 동쪽별자리가 게자리이고 달별자리가 염소자리라면, 전혀 다를 수도 있습니다. 이런 처녀자리는 전형적인 처녀자리가 작은 기업을 성공적으로 잘 이끄는 것과 마찬가지로 대기업의 사장 역할을 잘 수행해 낼 것입니다. 어려운 연구가 핵심 과제인 연구팀이나 실험팀을 이끄는 데에 있어서도 아주 탁월할 능력을 보여 줄 것입니다.

처녀자리 사장은 비서가 서류에 오타를 내거나 손가락에 잉크를 묻히거나 사장이 기르는 제라늄에 물을 주는 일을 자꾸 잊어버리는 실수를 눈감아 주지 않을 것입니다. 처녀자리 사장이 당신을 승진시켜 주기를 바란다면 정신 바짝 차리고 긴장해야 합니다. 실제로 약속 시간이 2시 45분인데 3시라고 말해서는 절대로 안 됩니다. 그랬다가는 괴팍하고 짜증 잘 내는 사장에게서 당신이 놓친 부분이 무엇인지 시시콜콜 잔소리를 들어야 하기 때문입니다. 당신이 스스로를 방어한답시고 그 미팅에 필요한 서류를 잘못 놓은 사람이 사장이라고 말할 생각이라면, 포기하는 것이 좋습니다. 좀처럼 실수를 하지 않는 처녀자리 사장은 더 화가 나서 당신을 노려볼 것입니다. 당신이 그런 행동을 한 번 더 했다가는 바로 해고당할지도 모릅니다. 처녀자리 사장을 조금만 비판해도 그의 입장에서는 평생 갑니다. 반대로 당신의 입장에서는 그의 비판을 하루 일과로 여겨야 합니다. 일방통행이지만 어쩔 수 없습니다. 실수를 안 하면 됩니다. 아주 간단하지요?

사장의 완벽주의 태도에 일단 적응하면, 독수리처럼 날카로운 눈빛을 한 처녀자리 사장이 실제로는 너그러운 마음씨를 지닌 공평한 사람이라는 사실을 알게 될 것입니다. 사장은 당신의 지난번 연애 이야기를 자세히 듣고 싶어 하지는 않을 것입니다. 감상주의는 전형적인 처녀자리를 지루하게 만듭니다. 하지만 당신이 왼쪽 새끼발가락이 아파서 치료차 결근을 신청한다면 애처로운 마음으로 들어 줄 것입니다. 병가 신청도 잘 받아 줍니다. 하지만 사내 연애나 경솔한 습관에 대해서는 그렇지 않습니다. 책상을 깨끗하게 정리정돈하고, 진한 화장에 미니스커트 차림으로 사내를 활보하거나 사장의 신문 위에 머리카락을 떨어뜨려서는 안 되고, 사장이 내리는 모든 지시 사항에 대해서는 꼼꼼하게 잘 들어야 합니다. 일단 사장이 당신의 옷차림과 업무 습관, 그리고 당신의 재능을 인정하고 나면 사장은 놀라울 정도로 관대하고 친절하며 사려 깊은 상관이 될 것입니다. 처녀자리 사장은 좀 별날 뿐입니다. 따지고 보면 우리 모두 다 유별난 면을 가지고 있지요.

처녀자리 사장 밑에서 일하는 남자 직원은 조금 다른 문제를 겪게 될 것입니다. 사장은 당신에게 판촉과 영업 부분에 있어 창의적인 아이디어와 공격적인 태도를 기대할 것입니다. 사실은 사장은 그 분야에서 자신의 모자라는 부분을 당신이 채워 주기를 기대하는 것입니다. 하지만 겸손한 태도를 유지하도록 하세요. 사장은 당신의 추진력이 자신보다 뛰어나다고 생각하지만, 그밖에 실용성과 신중함과 보다 조직적인 능력에서는 자신이 더 낫다고 여기기 때문에 당신이 사장의 철저한 감독 없이도 일을 해낼 수 있다고 과시하면 별로 좋아하지 않을 것입니다. 처녀자리 사장은 잘못 판단하는 경우가 거의 없습니다. 당신이 이런 사실에 적응하고 또한 사장을 존경하게 될 때까지는 아마도 불만이 많을 것입니다.

처녀자리 사장의 서랍은 소화제로 가득 차 있고 머리는 정확한 통계 수치로 가득 차 있지만, 한편으로 그는 연민으로 가득 찬 마음도 가지고 있고 회사 내 분쟁을 해결할 수 있는 능력도 가지고 있습니다. 비록 연말

보너스로 비싼 외제차나 밍크 코트를 선사하지는 않겠지만, 당신이 일한 만큼 보너스를 줄 것이고 절대로 당신을 기만하지 않을 것입니다. 처녀자리 사장에게는 당신의 능력을 정확하게 평가할 수 있는 능력이 있다는 점을 기억하세요. 그런 처녀자리 사장을 속이는 일은 불가능하며, 혹시 가능하다 하더라도 쉽지는 않을 것입니다.

갑자기 판매 실적이 치솟아도 사장이 흥분할 거라고 기대하지는 마세요. 그는 상상력이 아주 뛰어난 편은 아니지만, 거품이 언젠가 사라지고 만다는 것 정도는 충분히 예상할 수 있습니다. 당신이 제시하는 방법이 충분히 사실에 기반하고 있어야 합니다. 그렇지 않으면 사장은 당신의 계획을 몽상 취급하면서 퇴짜를 놓고 당신도 내쫓을지 모릅니다. 당신은 사장의 끊임없는 간섭과 사사건건 비평하는 것을 참기 힘들 수도 있겠지만, 그렇다고 사장에게 잔소리 좀 그만하라고 할 수는 없지요. 그러니 사장의 비판적인 습관을 우아하게 수용하세요. 사장이 당신의 태도를 개선해 주려고 하는데 나쁠 게 뭐가 있겠습니까?

처녀자리 사장에게는 항상 솔직하게 말해야 합니다.

거짓말을 해도 소용이 없습니다. 솔직히 말해서 처녀자리 사장은 너무 작은 일에까지 연연하기는 하지만, 그렇다고 해서 큰 일을 소홀히 하지도 않는답니다.

처녀자리 사장이 필요로 하는 사려 깊은 지원과 존경을 당신이 제공한다면, 그는 절대로 당신에게 해가 될 사람이 아닙니다. 마음속으로는 정말로 부드러운 사람이고 결혼 여부를 떠나서 자주 지독한 외로움을 타는 사람입니다. 친구를 쉽게 사귀지는 않지만, 당신이 그에게 용기를 준다면 무척 고마워할 것입니다. 모든 처녀자리들처럼 그는 은밀한 꿈을 품고 살아가며, 겉보기처럼 그렇게 감정이 메마른 사람도 아니랍니다. 사장이 말은 거칠게 해도 진심은 그렇지 않음을 당신이 알고 있다고 말해 주세요. 그러면 그는 자기만의 완벽한 세계에서 한 발짝 내려올 것입니다. 다른 직원들이 사장을 보고 인색하다고 해도 신경 쓰지 마세요. 당신이 정말로 어려움에 처했을 때 사장에게 가서 의논해 보세요. 다른 직원들이 얼마나 잘못 생각하고 있는지 알게 될 것입니다.

처녀자리 직원

♍

붉은 여왕이 말을 잘랐다.
"넌 '언덕'이라고 하는데 내가 보여 줄 언덕들에 비하면
그건 골짜기라고 불러야 할 거야."
"언덕이 골짜기가 될 수는 없잖아요. 그건 말이 안 돼요."
붉은 여왕이 고개를 저으며 말했다.
"너는 그게 말이 안 된다고 할지도 모르지.
하지만 내가 지금껏 들어 본 말도 안 되는 소리들에 비하면
이건 사전에 올려도 될 만큼 분명히 말이 되는 소리지!"

전형적인 처녀자리를 직원으로 두고 있다면 그를 소중
히 여기고 당신의 오른팔 위치로 천천히, 조심스럽게 승
진시킬 계획을 세워 보세요. 너무 빨리 승진시키면 처녀
자리 직원은 준비가 되어 있지 않아서 내켜 하지 않을지
도 모릅니다. 빠른 승진 자체는 처녀자리에게 별로 감흥
을 주지 않을 뿐더러 당신이 충동적인 상사는 아닐까 하
는 의구심을 갖게 합니다.

처녀자리 직원에게는 보너스를 많이 줄 필요도 없습니다. 다른 한편으로는 임금을 너무 낮게 책정해서도 안 됩니다. 그는 본인에게 적절한 임금 수준을 알고 있기 때문에, 애사심과 안정을 추구하는 태도에도 불구하고, 당신이 정당하지 못하거나 불합리하다는 생각이 들면 이직을 감행할 것입니다. 처녀자리가 대가를 바라지 않고 일을 한다고들 하는데, 약간 와전된 것입니다. 그보다는 개인적인 만족을 위해서 일하지는 않는다는 표현이 보다 정확할 것입니다.(겉보기와는 달리 내면에는 만족감에 대한 욕구가 있기는 합니다.) 처녀자리 직원은 자신의 노고에 대해 제대로 보상받기를 기대합니다. 돈이라는 대상이 중요하기 때문입니다. 하지만 돈 자체를 중요시하거나 게자리처럼 돈을 축적하고자 하는 동기가 있지는 않습니다. 자신이 나이 들고 병들어 약해졌을 때 생활 보호 대상이 되거나 남들에게 의지하게 되는 것에 대한 타고난 두려움 때문입니다. 바로 그러한 걱정만으로도 처녀자리는 소름이 돋습니다. 다른 별자리보다도 처녀자리는 나이가 들었을 때 훨씬 더 건강할 것입니다. 어린 시절에는 허약 체질인 경우도 있지만 나이가 들면서 점점 더 건강해집니다. 그런데도 처녀자리는 건강과 미래의 재정 문제를 내심 걱정합니다. 병원과 빈민의 집이라는 이미지가 처녀자리의 뇌리에서 절대로 떠나지 않기 때문에, 경제적 안정을 확보할 때까지 조용한 야심을 품고 일을 합니다. 그런 지위에 올라야만 처녀자리의 긴장감이 풀어지고 마침내 휴식을 취할 수 있습니다. 물론 처녀자리는 완전히 느긋해지는 법이 없지만 그 전보다는 훨씬 덜 조바심을 친다고 해야겠지요. 손톱도 덜 물어뜯고 알레르기 반응도 줄어들 것입니다.

처녀자리 직원은, 가끔 불편할 정도로 완벽해서 탈일 정도로, 세부 사항을 꼼꼼하게 볼 수 있습니다. 당신이 사장이라고 해도 처녀자리 직원은 당신의 실수를 잡아 내고 그것을 전형적인 처녀자리 방식답게 무뚝뚝하게 지적할 것입니다. 지위나 직급은 처녀자리에게 별로 중요하지 않습니다. 완벽함이 중요하지요. 물론 전형적인 처녀자리의 매력으로 다른 직원들보다는 당신에게 훨씬 깍듯하게 예의를 갖출 것입니다.

개인에 따라 약간의 단점은 있을 수 있지만, 대체로 모든 처녀자리 직원은 탁월한 분석 능력과 뛰어난 감각을 가지고 있습니다. 날카로운 식별력을 가지고 있는 전형적인 처녀자리 직원은 취약한 부분을 아주 정확하고 빠르게 파악하는 재주를 가진 뛰어난 비평가입니다. 적응력이 뛰어나고 다재다능하며 명확하게 사고할 뿐 아니라, 정확하고 똑똑하며 믿음직합니다. 절대로 업무를 엉성하게 마무리하지 않으며, 하다 말거나 게으름 피우는 일은 용납하지 않는 성격을 가지고 있습니다. 당신도 예외는 아닙니다. 회사에 출근하지 않고 골프를 치러 갔다가 오면 처녀자리 직원은 살짝 못마땅하다는 표정으로 당신을 쳐다볼 것입니다. 물론 순종적이고 예의바른 처녀자리이므로 드러내 놓고 내색하지는 않겠죠.

처녀자리는 일반적으로 대중을 대상으로 하는 서비스업에서 두각을 나타냅니다. 출판, 문학, 의학, 약학, 음식 관련 모든 업종, 과학 연구, 모든 종류의 서비스 대행업, 경리 및 회계 등의 분야에서 능숙하고 체계적인 처녀자리의 능력을 효과적으로 발휘할 수 있습니다. 사소한 내용도 소홀히 하지 않으며 뭔가 정확하지 않거나 확인해야 하는 일이 생겼을 때에는 개의치 않고 야근을 하기도 합니다.

처녀자리 직원은 감독하지 않아도 안심할 수 있습니다. 처녀자리에게는 도덕성과 책임감이 전부입니다. 게다가 처녀자리 직원은 다른 동료들이 자기를 비평할 수 있도록 노출된 상태로 일하는 것보다는 혼자 조용하게 일하거나 당신 옆에서 비밀스럽게 일하는 것을 더 좋아합니다. 처녀자리 직원은 업무 속도가 빠르지만 처음에는 별로 그렇게 보이지 않을 수도 있습니다. 그 이유는 지름길을 별로 신뢰하지 않고 모든 사실을 확인하기 전에는 만족하지 않기 때문입니다. 일을 너무 철저하게 하기 때문에 느리게 보일 뿐입니다. 사실 처녀자리의 마음은 수성처럼 빠르지만, 단순히 일을 빨리 하는 것보다는 신중하고 체계적으로 일하려고 합니다.

처녀자리의 현실적이고 실용적인 접근 태도와 광고 분야는 어울리지 않는 것 같지만, 인내심을 가지고 창조적인 아이디어를 골라내서 현실적인 광고 수단으로 구현할 수 있는 위치에 있다면 매우 적합한 자리이기도 합니다.

처녀자리 직원에게 판촉이나 판매 업무를 맡기는 것은 별로 권장할 만한 일이 아닙니다. 처녀자리 직원은 잠재 고객들을 앉혀 놓고 너무 정직하게 말하고 그럴듯한 말솜씨가 필요한 부분에서 너무 담백하게 얘기할 뿐 아니라, 대단한 열정으로 자신이나 회사를 홍보하기에는 기본적으로 내성적이고 수줍음을 많이 탑니다. 드물게 훌륭한 처녀자리 세일즈맨이 있기는 하지만 어디까지나 예외적인 경우입니다.

처녀자리 직원은 옷을 단정하게 입고 부드러운 어휘를 구사하며 마치 아이보리 비누처럼 깔끔하고 책상은 거의 비어 있는 것처럼 보일 정도로 잘 정리되어 있습니다. 가끔은 책상이 약간 어수선한 처녀자리도 있지만 걱정할 필요는 없습니다. 그의 정신 상태까지 어수선하지는 않으니까요. 정신없는 와중에도 질서를 잡고 있기 때문에 원하는 것이 어디에 있는지 정확하게 알고 있습니다. 당신에게는 그의 책상이 마치 무슨 쓰레기 더미처럼 보일 테지만 그는 메모지나 클립이 어디에 있는지 잘 알고 있답니다.

처녀자리의 집이나 사무실이 심각할 정도로 정리가 안 되어 있는 경우는, 그가 정서적으로 행복하지 않다는 사실을 보여 주는 증거입니다. 사수자리가 갑자기 단정하고 꼼꼼해지는 것도 같은 경우를 의미합니다.

처녀자리 직원이 한 일을 비평하고 싶은 생각이 들 때에는 일단 참아야 합니다. 당신이 알아차리기 전에 그 직원이 벌써 자신의 실수를 파악했을 것입니다. 불가피하게 비판해야 하는 경우라면 간단명료하고 조용하게 하는 것이 좋습니다. 불필요한 비판은 삼가는 것이 좋습니다. 처녀자리 직원이 애사심과 감사하는 마음을 갖게 하는 일은 아주 쉽지만, 동시에 그를 발끈하게 하고 초조하게 만들고 시무룩하게 만드는 일도 아주 쉽습니다. 자신이 무시당했다는 생각에 금세 토라지지만, 당신이 어려움에 처하면 요청하지 않아도 금세 당신을 도와줄 것입니다. 실제로 위기가 닥치면 처녀자리 직원은 평소보다 키가 5센티미터는 더 커 보인답니다.

처녀자리 직원을 밝고 화려한 색상의 사무실에서 일하게 하지 마세요. 밝은 색상은 처녀자리 직원의 조용하고 차분한 성격을 방해합니다. 되도록 효율적인 최신 장비를 사 주면 잘 활용할 것입니다. 그는 일할 때에는 소음이나 혼란을 싫어합니다. 불규칙한 일정도 좋아하지 않습니다. 규칙적으로 일하고 쉴 수 있도록 해 주세요. 필요하다고 판단되면 야근도 하겠지만, 근무 시간을 바꿔서 일정이 불안정해지거나 혼란스러워지는 것은 싫어합니다. 드러내지 않을 뿐이지 그에게 감정적인 욕구가 아예 없는 것은 아니므로 어느 정도 칭찬을 공개적으로 해 줄 필요가 있습니다.

전형적인 처녀자리 직원은 비법을 터득해야 하거나 풍부한 상상력을 요하는 업무에는 별로 빠져들지 않지만 가끔은 그런 직원을 발견할 수도 있습니다. 그래도 역시 처녀자리라는 사실을 잊지 마세요. 처녀자리 천문 해석가는 꼼꼼하게 비밀스러운 연구 작업을 할 것이고, 처녀자리 시인은 정확한 운율을 사용하며, 처녀자리 화가는 세밀한 표현에 집중하고, 처녀자리 배우는 완벽한 사투리나 끊임없이 공부해야 하는 특이한 억양을 완벽하게 재현할 것입니다. 직업적인 선택과 관련해서는 특정 별자리 사람이 그 별자리에 어울리지 않는 일을 하고 있다고 해서 혼란에 빠질 필요가 없습니다. 계속 관찰해 보면 결국은 자신의 기본적인 성향에 따라서 살고 있다는 점을 알게 될 것입니다.

처녀자리 직원을 말단에서부터 점차로 당신의 오른

팔 위치까지 이동시키고 나면(처녀자리는 밑바닥에서부터 시작하는 것을 개의치 않습니다.) 당신은 이제 여유 있게 기분 전환을 위해 골프를 치러 나갈 수도 있습니다. 당신이 정말로 신뢰할 수 있는 직원이 사무실에서 당신을 대신하고 있으니까요. 물론 사무실에 돌아와 사랑스럽고 맑은 처녀자리의 눈에서 비난하는 듯한 표정을 읽으면 약간 죄책감이 들 수도 있습니다. 당신의 처녀자리 직원이 얼마나 사랑스러운지 아직 모르겠다고요? 다시 한 번 잘 살펴보세요.

당신은 끝없는 우주입니다

바빌론까지는 얼마나 멀어요?
60마일하고도 10마일 더 가야지.
촛불만 들고 갈 수 있을까요?
물론이지, 돌아올 수도 있는 걸!
－마더구스 중에서

마더구스의 순백색 깃털을 흔들고 그 이상한 주파수에 채널을 맞추면, 지혜로운 마더구스가 비밀을 보여 줄지도 모릅니다. 언뜻 유치하게 들리는 마더구스의 자장가에는 숨은 보석 같은 지혜가 담겨 있을 것입니다.

바빌론이 얼마나 멀리 있냐고요? 칼레도니아의 샌들 신은 사람들의 시대나 보석을 걸치고 향수를 뿌린 이집트 파라오의 시대에서부터 우주 시대까지는, 혹은 사라진 아틀란티스 대륙 시대에서부터 제트 항공기 시대인 21세기까지는 어마어마한 시간의 흐름이 있다는 것을 알겠습니다. 하지만 실제로 그 시절이 얼마나 멀리 있는 걸까요? 어쩌면 한두 번 꿈을 꾸고 나면 닿을 수 있는 거리인지도 모릅니다.

과학 분야 중에서 유일하게 천문해석학만이 그 오랜 세월 동안 온전하게 이어져 오고 있습니다. 그 세월 동안 변치 않고 우리 곁에 남아 있다는 사실에 놀랄 필요는 없습니다. 천문해석학은 진실이고, 진실은 영원하니까요. 문명이 처음 생길 때부터 마치 모든 여성들과 남성들의 목소리가 메아리치듯이 오늘날 현대에도 똑같은 말이 반복되고 있지요. "금성이 당신의 지배행성인가요?", "저는 황소자리로 태어났어요.", "당신의 수성도 쌍둥이자리인가요?", "그 사람이 물병자리인 걸 모르시겠어요?"

천문해석학은 우리에게 행성 탐험이라는 흥미로운 미래를 마련해 주는 동시에 우리를 아련한 과거와 연결해 주는 황금 끈입니다. 과거에 황당한 미래 사회에 대한 글을 쓰거나 영화를 만들었던 사람들이 사실 몽상가가 아니었음이 증명되고 있습니다. 너무나도 환상적인 영화 〈벅 로저스〉*는 모든 분야의 과학보다 진보한 이야기를 다루었으며, 이 우주에는 우리가 상상하는 것보다 훨씬 많은 것이 존재한다는 사실을 일깨워 주었습니다. 만화책 주인공이었던 딕 트레이시가 사용했던 양방향 손목 무전기는 이제 더 이상 환상이 아니라 현실이 되었지요. 문 메이드**의 가장 강력한 무기는 레이저 광선이라는 기적과 맞아떨어지면서 납을 물처럼 흐르게 하고 인간이 알고 있는 어떤 단단한 물질도 뚫을 수 있게 되었습니다. 쥘 베른Jules Verne과 플래시 고든Flash Gordon은 상당히 매력적인 예언가로 평가받고 있습니다. 바다 속 심연과 그보다 훨씬 먼 지구 위 하늘에는 중요한 비밀이 숨어 있다는 사실도 이제는 과학으로 밝혀졌지요.

공상과학 작가나 만화가가 연구실에 있는 과학자보다 과거와 현재 그리고 미래 사이의 실제적인 거리감에 대해 더 잘 알고 있는 걸까요? 아인슈타인 박사는 시간

* 벅 로저스(Buck Rogers): 1939년 미국에서 제작된 공상 과학 영화.
** 문 메이드(Moon Maid): 에드거 라이스 버로스의 판타지 소설 『The Moon Maid』의 주인공.

이 상대적이라는 사실을 알아냈습니다. 시인들도 항상 알고 있었고, 과거로부터 전해 내려오는 현자들도 알고 있었습니다. 그 메시지는 새로운 것이 아니었죠. 요즘처럼 천문해석학에 관심이 쏟아지기 훨씬 이전에도 플라톤, 톨레미, 히포크라테스, 그리고 콜럼버스는 천문해석학의 지혜를 존중했고 갈릴레오, 벤 프랭클린, 토머스 제퍼슨, 아이작 뉴턴, 그리고 카를 융 같은 사람들도 천문해석학을 가까이했습니다. 존 퀸시 애덤스 대통령도 그 중 한 명이며 위대한 천문학자 튀코 브라헤, 요하네스 케플러도 추가해야 합니다. RCA* 회사의 천재 연구원 존 넬슨, 그리고 퓰리처 수상에 빛나는 존 오닐 등도 있습니다. 이들 모두 고등교육을 받은 사람들이지요.

1953년 노스웨스턴 대학의 프랑크 브라운 주니어 교수는 굴을 가지고 실험을 하는 과정에서 정말 놀라운 사실을 발견했습니다. 지금까지 과학계에서는 굴이 껍데기를 열고 닫는 주기는 태어난 장소의 조수간만 주기

---

* RCA(Radio Corporation of America): 1932년 설립된 미국의 전자 기업으로 미국 내에 라디오와 텔레비전을 보급했다. 1986년 제너럴 일렉트릭(GE)에 인수되었다.

를 따른다고 추정해 왔습니다. 하지만 브라운 박사가 롱아일랜드 해협에서 채집한 굴을 일리노이 주의 에반스턴에 있는 연구실 수조에 가져다 놓았을 때 이상한 일이 벌어졌습니다.

굴을 옮겨 놓은 곳은 항상 일정한 온도를 유지하고 늘 희미한 조명을 켜 둔 상태였습니다. 처음 2주 동안 그 옮겨진 굴은 1000마일 떨어져 있는 롱아일랜드 해협의 조수간만에 따라 껍데기를 열고 닫았습니다. 그러다 갑자기 껍데기를 굳게 닫고는 몇 시간 동안 그대로 있었습니다. 굴이 향수병으로 인해 껍데기를 닫아 버렸다고 브라운 박사 연구팀이 결론 내리려고 할 즈음 이상한 일이 생겼습니다. 굴이 다시 껍데기를 연 것입니다. 롱아일랜드 해협 밀물 시간에서 정확하게 4시간 뒤인 에반스턴 밀물 시간에, 마치 해변에 있는 굴처럼 껍데기를 열었습니다. 새로운 주기가 시작되었습니다. 자신의 리듬을 새로운 지리적 위도와 경도에 맞췄습니다. 도대체 어떤 힘이 작용했을까요? 물론 달의 힘이죠. 브라운 박사는 굴의 에너지 주기가 밀물과 썰물을 통제하는 신비한 달의 신호에 의해서 움직인다고 결론 내릴 수밖에 없었습니다.

이와 마찬가지로 인간의 에너지와 정서적 주기도 여러 행성들로부터 오는 훨씬 더 복잡한 전자기 네트워크에 영향을 받습니다. 과학계에서는 달의 인력으로 인해 바다에서 조수간만의 차가 발생하는 것으로 인식하고 있습니다. 신체의 70퍼센트가 물로 구성되어 있는 인간이 그런 강력한 행성의 인력에 영향을 받지 않을 수 있을까요? 우주 비행사들이 행성에 다가갈 때 느끼는 엄청난 전자기력의 영향은 익히 알려진 사실입니다. 달의 인력은 여성들의 월경 주기나 출산에도 영향을 미친다고 알려져 있고, 정신병원 환자들이 달의 영향을 받는다는 의사와 간호사들의 반복되는 증언도 있습니다. 보름달이 뜨는 날에는 경찰도 힘들어한다는 얘기를 들어 보셨는지요? 농사력에 나오는 조언을 무시하고 지지대를 박거나 돼지를 잡거나 작물을 심는 농부가 있을까요? 달과 행성들의 움직임은 의회에서 논의하는 세금 문제만큼이나 중요한 문제입니다.

모든 행성 중에서도 달의 인력이 가장 두드러지고 극적인데, 그것은 달이 지구에서 가장 가깝기 때문입니다. 하지만 태양을 비롯해서 금성, 화성, 수성, 목성, 토성, 천왕성, 해왕성, 명왕성도 아주 멀리서 그 영향력을 분명히 행사하고 있습니다. 과학자들은 식물과 동물이 어떤 규칙적인 주기에 영향을 받는다는 사실을 인식하고 있는데, 그 주기는 바로 공기 중에 있는 자장이나 기압의 변동 그리고 중력과 같은 힘에 의해서 결정된다고 합니다. 지구에 영향을 미치는 이러한 힘은 별의 보이지 않는 파장이 날아오는 우주에서부터 비롯됩니다. 달의 변화, 감마선·우주선·엑스선 샤워, 배 모양 전자기 파장의 맥동, 그리고 외계로부터 오는 여타의 영향력들은 우리를 둘러싸고 있는 대기권을 지속적으로 뚫고 쏟아져 내리고 있습니다. 지구상에 있는 어떤 생명체나 광물도 그것을 피할 수 없으며 우리 인간도 마찬가지입니다.

예일대 의대 해부학 박사인 해럴드 버는 복잡한 자기장이 인간의 출생 시에 어떤 패턴을 형성하는 것뿐만 아니라 사는 동안 그 패턴을 통제한다고 언급했습니다. 버 박사는 또한 인간의 중추신경계는 전자기 에너지를 매우 잘 흡수하는, 자연계에서 가장 예민한 기관이라고 말했습니다.(인간은 굴보다 좀 더 멋있게 걷기는 하지만 굴과 똑같은 진동 소리를 듣는다는 말이지요.) 또한 우리 뇌 속에 있는 세포 10만 개는 전기가 흐를 수 있는 무수히 많은 회로를 형성하고 있습니다.

그러므로 우리 몸과 뇌 속에 있는 미네랄과 화학 물질 및 전기적인 세포는 태양의 흑점, 일식 그리고 행성의 움직임에서 발생하는 모든 영향에 반응합니다. 인간도 다른 모든 살아 있는 유기체와 마찬가지로 우주의 끊임없는 밀물과 썰물에 반응합니다. 하지만 인간은 고유의 자유의지가 있기 때문에 그런 외부의 영향력에 구속될 필요는 없습니다. 다시 말해서 우리의 정신은 이러한 행성들의 영향보다 더 우위에 있다는 뜻입니다. 그러나 불행하게도 우리 대부분은 자유의지(정신의 힘이지요.)를 사용하지 못하고 있고, 우리의 운명을 미시건 호수나 옥수수자루만큼이나 제어하지 못하고 있습니다. 천문해석가의 목표는 사람들이 인생의 급류에 그냥 쓸려 다니지 않고 그 흐름에 맞서 싸우는 방법을 얻도록 도와주는 것입니다.

천문해석학은 과학인 동시에 예술입니다. 비록 많은 사람들이 그 기본적인 사실을 무시하고 싶어 하지만 결코 간과할 수 없습니다. 많은 천문해석가들은 사람들이 천문해석학과 관련한 직감만을 언급하는 것에 대해 분노하고 있습니다. 천문해석가들은 직감과의 연관성을 언급하는 말에 대해서 '천문해석학은 수학에 기초한 정확한 과학이다. 절대로 직감력과 동일선상에서 언급되어서는 안 된다.'라고 강력하게 주장합니다. 저는 그들의 의견도 진정성이 있다고 생각하지만, 왜 그 두 가지를 전혀 다른 것으로 구분해야 하는지 계속 의문이 듭니다. 오늘날에는 문외한들도 자신의 초능력을 알아보기 위해서 책이나 게임 또는 연구 실험을 시도하고 있습니다. 천문해석가라고 그러지 말아야 한다는 법은 없습니다. 육감을 가지고 있거나 개발하고 있는 소수의 사람들을 닭이 머리를 모래에 숨기듯 모른 척해야만 할까요?

천문해석학의 출생차트 계산이 수학적 데이터와 천문학적 사실에 근거한다는 점을 고려한다면 천문해석학은 정확한 과학입니다. 의학도 사실과 연구에 기초한 과학입니다. 그럼에도 불구하고 모든 훌륭한 의사들은 의학이 또한 예술이라는 점을 인정하고 있습니다. 의사들은 직감적 진단을 하는 동료들이 있다는 것을 인식하고 있습니다. 내과 의사들은 개인마다 정도의 차이는 있지만 의학적으로 입증 가능한 사실을 해석함에 있어서 그들에게 막대한 도움을 주는 예민하고 특별한 감각이 있다고 말할 것입니다. 의학적 이론을 종합하여 환자의 개인 이력과 관련된 실험 결과를 해석하는 것은 공식처럼 미리 결정되어 있지 않습니다. 의사의 직감적 통찰력이 없이는 불가능한 과정입니다. 그렇지 않다면 의학은 그냥 전산화하면 그만일 것입니다.

음악도 또한 엄격한 수학 법칙이라는 과학적 토대가 있는 분야로, 코드 진행에 대해 공부해 본 사람이라면 누구나 알고 있을 것입니다. 간주곡들은 논쟁의 여지 없이 수학적 비율에 의해 결정됩니다. 하지만 음악 역시 예술이지요. 누구나 〈월광〉이나 〈바르샤바 협주곡〉을 배울 수는 있지만 벤 클리번의 연주가 다른 사람들과 다른 것은 그 감각 또는 직감적 통찰력의 차이일 것입니다. 음표와 화음은 언제나 수학적으로 정확하게 똑같습니다. 하지만 그에 대한 해석이 다른 것이죠. 이것이 바로 과학이라는 단어의 정의와는 전혀 관계가 없는 명확한 현실입니다.

천문해석학을 남에게 가르칠 수 있을 정도로 아주 훌륭하게 공부하는 지적인 사람들도 있지만, 천문해석학이라는 과학을 예술의 경지로 끌어올릴 수 있는 감각적 해석이나 직감적 통찰력을 겸비하는 사람은 많지 않습니다. 물론 정확하고 도움이 될 만한 천문해석학 분석을 제공하기 위해 심령술사나 영매가 될 필요는 없지만, 천문해석가의 직감력은 분명히 출생차트를 종합하고 분석하는 데에 도움을 주는 자산이 됩니다. 물론 그런 직감력이 있는 천문해석가도 기본적으로 수학 계산에 능숙해야 하며 자신의 예술에 있어 과학적인 기본 사항을 엄격히 준수하는 태도가 있어야겠죠. 그런 천문해석가는 의식적인 능력과 무의식적인 능력을 잘 조합하여 사용하기 때문에, 당신은 유능하고 전문적인 천문해석가들을 두려워할 필요가 없습니다. 오히려 그런 사람을 만날 수 있다면 행운이지요. 어떤 분야에서든 예민한 통찰력을 보유한 사람은 드물답니다.

요즘에는 천문해석학의 인기가 높아지면서 갑자기 돌팔이 천문해석가들이 많이 나타났지만, 정말로 필요한 제대로 된 천문해석가와 스승은 많지 않습니다. 가까운 미래에는 천문해석가가 유수의 대학에서 '별의 과학'을 전공한 전문가로 인식될 날이 올 것입니다. 행성들이 인간의 행동에 미치는 영향에 대한 중요한 연구는, 옛날 유럽에서 그랬던 것처럼 주요 대학에서 교과목으로 가르치게 될 것입니다. 천문해석학을 가르치고 연구할 수 있는 능력이나 개인차트를 분석할 수 있는 능력이 출생 차트에 나타나는 학생들만 받게 될 것이며 그 과정은 법대나 의대만큼이나 어려울 것입니다. 자기장, 기후 조건, 생물학, 화학, 지질학, 천문학, 수학, 사회학, 비교종교학, 철학, 심리학도 공부해야 하고 천문 차트를 계산하는 방법과 해석하는 방법도 공부해야 하며 졸업생들은 천문해석가(D.A.S: Doctor of Astral Science)라는 자격을 부여받아야 간판을 걸 수 있을 것입니다.

현재의 연구 단계에서 초보자들이 천문해석학에 가장 안전하고 타당하게 접근할 수 있는 방법은 열두 개 태양별자리에 대해 완벽하게 공부하는 것이며, 이것은 마치 응급조치나 건강 상식을 공부해서 의학이론에 익숙해지는 것과 마찬가지입니다.

언젠가 인류는 천문해석학, 의학, 종교, 천체물리

학, 정신과학이 모두 하나라는 사실을 발견할 것입니다. 그 모든 것이 합쳐져야 비로소 완벽한 전체를 이루게 됩니다. 그때까지 각 분야는 조금씩의 결함을 가지고 있을 것입니다.

천문해석학에는 서로의 의견이 충돌하는 혼란스러운 부분이 있습니다. 바로 환생에 대한 의견입니다. 오늘날에는 누구나 긍정적이든 부정적이든 윤회설에 대한 의견이 있을 것입니다. 물병자리 시대로 들어가는 20세기에는 여기저기에서 점괘판이나 잔 딕슨*에 대한 이야기를 듣게 됩니다.

전문적인 천문해석가들은 윤회설 또는 카르마를 바탕에 깔고 해석하지 않으면 천문해석학은 불완전한 것이라고 믿고 있고, 저 또한 그렇습니다. 윤회설을 강하게 부인하는 사람들이, 특히 천문해석학이 상대적으로 낯선 서양에 많이 있습니다. 천문해석학을 활용하기 위해서 반드시 환생 이론을 받아들여야 하는 것은 아닙니다. 또한 전생 혼의 존재는, 아무리 논리적으로 설명하

---

* 잔 딕슨(Jeanne Dixon, 1904~1997): 미국의 유명한 점성가이자 심령술사.

더라도 과학적으로 규명된 적이 한 번도 없습니다.(문서로 남긴 설득력 있는 정황 증거와 성경이 있기는 합니다.) 환생은 그 특성상 확실하게 손에 잡히는 증거를 영원히 확인할 수 없을지도 모릅니다. 고대인은 진화한 영혼이 끊임없이 다시 태어나는 환생 주기를 끝내려면 카르마의 진실을 추구하는 단계에 도달해야만 한다고 가르쳤습니다. 그러므로 환생을 믿는 것은, 우주에서 환생이 존재하고 있다는 것과 현생의 삶에서 그 카르마가 말하는 의무가 어떤 의미인지 찾을 수 있는 진화한 영혼에게는 선물이자 보상입니다. 그 깊은 신비가 증명되면 개개인이 스스로의 의지로 그것을 발견하기 위해 애쓸 필요가 없어지기 때문에, 영원히 증명되지 않고 각자 자신의 마음속에서 환생에 대한 답을 찾아야 하는지도 모릅니다. 하지만 스스로 찾기 위해서는, 다른 사람들이 무엇이 거짓이고 무엇이 참인지 발견해 놓은 지식을 배워야만 할 것입니다. 놀라운 예언가인 에드거 케이시에 대한 책이 호기심 많은 초심자들의 이해를 도울 만하고, 환생에 대해서는 훌륭한 책들이 많이 나와 있으니, 몇 권 골라서 본다면 여러분이 스스로 환생이 고려할 만한 가치가 있는 주제인지 아니면 단순한 사술인지 생각을 정리하는 데에 도움이 될 것입니다. 이것이 우리가 직접 찬반양론을 철저하게 조사하고 삶과 죽음에 대한 문제에 접근하는 유일한 방법일 것입니다.

현대에는 보이지 않는 영향력에 대한 관심이 새롭게 일어나고 있으며, 독심술에 대한 관심이 그 좋은 예라고 할 수 있습니다. 미국항공우주국에서는 지구와 우주 비행사 사이의 통신이 두절되는 상황에 대비하기 위해 막대한 자금을 투자하여 선별된 우주 비행사들을 대상으로 감각적 인식을 통해 메시지를 전달할 수 있는지 확인하는 초감각적 지각 실험을 진행하고 있습니다. 이런 연구 분야에서 러시아가 미국보다 훨씬 앞서 있는 것으로 전해지는데, 이것을 보면 독단적이고 물질주의적인 사고를 배제해야 하는 이유를 알 수 있습니다.

사람들 사이의 이런 보이지 않는 파장에 대한 성공적인 실험결과 덕분에 의사들도 관심을 가지게 되었습니다. 의학계는 암이나 패혈증, 인두염과 같은 질병이 정신적·감정적 긴장으로 유발된다는 사실을 오래 전부터 인정해 왔으며, 오늘날에는 환자의 성향이 암의 진전과 분명한 관계가 있다는 이론을 확립하고 있습니다. 최근 기사에서는 저명한 의사들이 정신과 의사들과의 협력을 통해 어떤 환자가 질병에 예민한지 사전에 확인해서 질병을 조기에 치료하거나 예방할 수 있도록 해야 한다는 주장이 나왔습니다. 하지만 천문해석학에서는 질병이 정신과 감정에 의해 발생하며 그러므로 정신과 감정을 통해 통제하거나 제거할 수 있다는 것을 오래 전부터 인지해 왔습니다. 또한 특정 행성의 영향을 받는 순간에 태어난 사람은 특정 질병이나 사고에 노출될 확률이 높거나 또는 반대로 면역성을 가지고 있다는 사실 또한 알고 있었습니다. 환자의 출생차트 상에 행성들의 위치와 각도를 보면 의학에서 찾는 지식을 잘 알 수 있답니다.

고고학과 인류학에서 발견한 내용에 의하면 고대 이집트에서는 천문해석가이자 의사인 사람들이 고도의 기술로 뇌수술을 했던 것으로 밝혀졌습니다. 오늘날에도 진보적인 의사들은 고대 그리스 의사들이 했던 방법을 따라 달이 이동하는 별자리를 남몰래 체크하기도 합니다. 고대 의사들은 히포크라테스 계율에 따라 '달별자리에 해당하는 신체 부위나 달이 90도 혹은 180도를 맺는 신체 부위에는 칼을 대지 않는다.'라는 내용을 실천했습니다. 의학적인 천문해석학과 그 가치에 대해서는 질병의 원인과 예방 차원에서 논의해야 할 부분이 많고 또한 워낙 방대한 주제이므로 별도의 책에서 다루어야 할 것입니다.

의학계뿐만 아니라 일부 여행사나 보험 회사, 항공사에서도 치명적인 항공기 충돌 사고가 탑승객과 승무원의 출생차트와 관계있는지 은밀하게 조사하고 있습니다. 우리는 고대의 지식으로부터 물질적 사고 방식으로 후퇴했다가 많은 시간이 흘러 다시 진실로 나아가고 있습니다. 세월이 흐르면서 행성들은 그 장엄하고 확고한 궤도를 변함없이 유지하고 있습니다. 고대 바빌론의 하늘과 베들레헴의 하늘에서 빛나던 별들은 지금도 엠파이어스테이트 빌딩 위에서 또는 동네 뒷산 하늘 위에서 여전히 빛나고 있습니다. 그 별들은 수학적으로 정확한 주기를 가지고 있고, 여전히 인간을 포함한 이 지구 위에 있는 모든 생명체에 영향을 미치고 있으며, 지구가 존재하는 동안에는 앞으로도 변함없이 그럴 것입니다.

천문해석학은 운명론이 아니라는 점을 항상 기억해 주시기 바랍니다. 별은 어떤 경향을 부여할 뿐 강요하지는 않습니다. 우리 대부분은 행성과 출생차트의 영향뿐만 아니라 주변 환경과 물려받은 유전적인 환경에도 맹목적으로 순종해야 하고 이러한 환경의 힘이 우리보다 더 강력하다고 생각하는 경향이 있습니다. 우리가 이런 모든 요소들에 대해 통찰력이 없기 때문에 저항도 하지 않는 것이죠. 그럴 때, 우리의 별자리는 마치 지문처럼 우리에게 맞아떨어집니다. 우리는 우리를 움직이는 그 힘을 경멸하든 무시하든 간에 인생이라는 체스 게임에서 말처럼 움직여집니다. 하지만 누구든 태어날 때의 환경상의 어려움은 극복할 수 있습니다. 우리의 의지력이나 정신력을 이용하여 누구든 자신의 기분을 조절하고 인성을 변화시키고 자신의 환경과 태도를 제어할 수 있습니다. 이렇게 할 수 있을 때 우리는 비로소 체스판의 말이 아니라 그 말을 움직이는 주체가 됩니다.

당신은 "나는 태어날 때부터 그런 힘이나 능력이 없어."라고 말하면서 별을 따르는 것을 주저하시는지요? 당신은 보이지도 들리지도 말하지도 못하는 자신을 극복하기 위해 심원한 내면의 의지력을 발휘했던 헬렌 켈러보다 더 많은 것을 가지고 태어났습니다. 헬렌 켈러는 자신의 출생차트 상의 어려운 요소들을 명예, 부, 존경 그리고 수많은 사람들에 대한 사랑으로 바꾸었으며, 그렇게 행성들의 영향력을 극복했습니다.

두려움 때문에 내일을 바라보지 못하시나요? 무지개에 닿기도 전에 우울함과 비관주의가 당신의 무지개를 회색빛으로 물들이나요? 미국 영화배우였던 퍼트리샤 닐은 우울함과 불안함을 강철 같은 정신력으로 탈바꿈시켰습니다. 그녀는 비극 앞에서도 미소를 보였고 그 미소는 치명적인 마비 증상까지도 날려 버릴 만큼 충분한 감정적인 에너지를 발산해서 의사들도 깜짝 놀라게 만들었지요.

신문 지상에서 떠들어 대는 것처럼 미국이 냉전 시대, 국민적 혹은 국제적 몰이해, 범죄율 증가, 불평등, 편견, 도덕적 해이, 윤리 상실, 그리고 어쩌면 핵폭발로 곧 사라질 위기에 처해 있다고 걱정하고 계시나요? 윈스턴 처칠도 개인적으로 그리고 국가적으로 패배에 직면한 적이 있었죠. 하지만 그는 눈을 반짝거리면서 강철 같은 의지를 품고 마음속으로 기도를 했습니다. 이 세 가지로 그는 한 사람의 용기가 수많은 사람들에게 맹목적인 낙관주의와 굳건한 힘을 일깨워 주는 기적을 일구어 냈습니다. 결과적으로 그런 파장은 공포를 녹여 버리고 세상에 영감을 주었으며 승리를 이끌어 냈습니다. 처칠은 자신과 자신의 국가가 체스판의 말이 되기를 거부하였던 것입니다.

그런 사람들은 특별한 경우라고 생각하시나요? 당신도 기적을 만들어 낼 수 있습니다. 누구나 할 수 있습니다. 당신에게도 강력한 행성들의 전자기력에 대한 면역력을 기를 수 있는 충분한 힘이 있습니다. 그럼에도 불구하고 너무 쉽게 포기해 버리고 당신의 잠재력을 깨닫지 못한다면 정말 안타까운 일이지요.

증오와 두려움을 정복하고 나면 우리의 의지는 자유로워지고 엄청난 힘을 발휘할 수 있게 됩니다. 이것이 바로 말 없는 별들에 담겨 있는 당신 출생의 메시지입니다. 그러니 귀를 기울여 보세요.

어떤 고대 전설에서는 힘과 주술적 비밀을 알고 싶어서 현명한 마술사를 찾아가는 남자의 이야기가 있습니다. 마술사는 그를 맑은 호숫가로 데리고 가서 무릎을 꿇게 했지요. 그러자 그 현명한 마술사는 사라져 버리고 혼자 남겨진 그 남자는 물 속에 비친 자기 모습을 보게 되었습니다.

"내가 하는 것을 그대도 할 수 있다.", "구하라, 그러면 얻을 것이다.", "두드려라, 그러면 열릴 것이다.", "진실을 추구하라, 진실이 너희를 자유롭게 하리라."

바빌론까지는 얼마나 멀어요?
60마일하고도 10마일 더 가야지.
촛불만 들고 갈 수 있을까요?
물론이지, 돌아올 수도 있는 걸!

이것은 시일까요 아니면 수수께끼일까요? 이 우주 속에 있는 모든 것은 우주 법칙의 일부이며 천문해석학은 그 법칙의 기본입니다. 천문해석학에서 종교와 의학, 천문학이 생겨난 것이지 그 반대가 아닙니다.

고대 그리스의 도시였던 테베에는 열두 별자리가 조각되어 있는데 아주 오래된 것이라 정확한 기원은 알

수 없습니다. 아틀란티스일지도 모릅니다. 하지만 그 상
징들을 어디서 가져왔고 누가 새겼든 간에 그 메시지는
영원합니다. '당신은 끝없는 우주입니다.' 그리고 아직까
지 하나의 별밖에 보지 못했답니다.